1 | one space living

1 | one space living

CYNTHIA INIONS
photography by ANDREW WOOD

ワンスペース・リビング
著者　シンシア・イニオンス
写真　アンドリュー・ウッド

É.T.STYLE

Designer   Megan Smith
Senior editor   Annabel Morgan
Location researchers   Nadine Bazar and Kate Brunt
Production   Patricia Harrington
Publishing director   Anne Ryland
Head of design   Gabriella Le Grazie
Stylist   Cynthia Inions
Plans   Russell Bell

First published in the United Kingdom in 1999
by Ryland Peters & Small
Kirkman House
12-14 Whitfield Street
London W1T 2RP

Text © Cynthia Inions 1999
Design and photographs © Ryland Peters & Small 1999
Japanese edition and translation copyright © Éditions Treville 2002

Produced by Sun Fung Offset Binding Co., Ltd
Printed and bound in China

The author's moral rights have been asserted.
All rights reserved. No part of this publication may be reproduced, stored in a retrieval system, or transmitted in any form or by any means, electronic, mechanical, photocopying or otherwise, without the prior permission of the publisher.

ワンスペース・リビング
著：シンシア・イニオンス
写真：アンドリュー・ウッド

日本語版ブックデザイン：荘司邦昭　木下芽映（design DEPT.）
翻訳協力：株式会社アイディ
翻訳：鈴木宏子
日本語版編集：久木まりも

初版発行：2002年12月25日

発行者：川合健一
発行：株式会社エディシオン・トレヴィル
東京都渋谷区鉢山町5-12　代官山メゾネットB　〒150-0035
phone: 03-5784-2675 fax: 03-5784-2676
発売：株式会社河出書房新社
東京都渋谷区千駄ヶ谷2-32-2　〒151-0051
phone: 03-3404-1201（営業）

乱丁落丁本はお取り替え致します。
ISBN4-309-90458-0　C0052

表紙：Alistair Hendy & John Clinchがロンドンに所有するアパートメント。Alistair Hendyデザイン。
裏表紙：Jeff Priess&Rebecca Quaytmanがニューヨークに所有するアパートメント。Fernlund & Logan Architectsデザイン。

Introduction はじめに	6
1 LIVING IN A SINGLE SPACE ワンスペースに住む	8
Why One Space? ワンスペース・リビングの特徴	10
Freedom 自由	11
Sense of space スペース感	12
Flexibility フレキシビリティ	14
Integration 融合性	16
Positive assets メリット	18
Change and review 変化と検討	22
Options オプション	24
One space opportunities ワンスペースの種類	25
New aesthetics ワンスペースのスタイル	28
Structural change 改装にあたっての注意	32
Assessment and action 検討と実行	34
Help ヘルプ：専門家への依頼	38
Case study: Belgian beach house ケーススタディ：ベルギーのビーチハウス	40

2 ZONING ワンスペースの区切り方	46
Relaxing リラクセーションエリア	48
Case study: London purpose built ケーススタディ：ロンドンの住宅	56
Cooking キッチンエリア	62
Case study: London industrial unit ケーススタディ：ロンドンの元工場	72
Bathing バスエリア	80
Sleeping スリーピングエリア	88
Case study: New York loft space ケーススタディ：ニューヨークのロフトスペース	94
Working ワーキングエリア	100
Case study: New York recycled ケーススタディ：ニューヨークのリサイクルハウス	106
3 ONE SPACE ESSENTIALS ワンスペースに欠かせないもの	112
Dividing 間仕切り	114
Lighting 照明	120
Storing 収納	126
4 A PRACTICAL APPROACH ユーティリティ設備について	132
Stockists and suppliers 業者リスト	138
Picture credits 写真クレジット	140
Index 索引	142
Acknowledgments 謝辞	144

contents
目次

introduction　はじめに

　現代生活がつきつける条件への適応策として、ワンスペース（一室空間）の住まいを選ぶ人が増えている。家族や友人たちとのカジュアル化した関係、多様化したライフスタイル、多機能化が求められる住環境——ワンスペース・リビングという住み方には、状況の変化に合わせて住まいを自由に構成できるよさがある。

　ワンスペースに住むことは、新しい工夫を加えてフレキシブルで快適な住環境を作り、今までになかった明るさ、広さ、統一感を体験するいい機会になる。それはゼロからワンスペースを計画する場合でも、今ある空間をワンスペースに改装する場合でも同じである。パーティションやフレキシブルに使える間仕切りで空間を構成し、パブリックスペースとプライベートスペースを必要十分なレベルで分ける。これならスペース全体の統一感と融通性を損なうことはない。

　ダイナミックな空間表現、光、そして選択の自由がある住まい——それがワンスペース・リビングである。本書では、工場の徹底的な改装から住宅に少し手を加えるレベルの改装、またコンクリートとガラスの建築物から色彩あふれる快適なファミリー向けの環境まで、個性あふれる刺激的なワンスペース・リビングを紹介する。

(左ページ) 郵便局の区分作業所をダイナミックに改装し、多機能なスキップフロア構成に。

(左上) コンクリート板を使った移動式のテーブルが、リラクセーションエリアにインダストリアルな表情を添えている。

(上中央) 上げ下げできる複数のパネルを使い、必要に応じてキッチンの様々な要素を見せ隠しする。

(右上) 複層階にまたがるロフトの床を一部取り除くことで、配光を劇的に改善。空間にも広がりが生まれた。

living in

a single space

ワンスペースに住む

| why one space? | options | help |

ワンスペース・リビングの特徴
オプション
ヘルプ：専門家への依頼

ワンスペース・リビングの特徴
why one space?

住む場所と住み方を今までになく自由に選べるのがワンスペース・リビングだ。今ある部屋をワンスペースに改装する、ゼロからワンスペースを設計する——ケースの数だけあるプランひとつひとつが、様々な発展の可能性を秘めたやりがいあるプロジェクトになる。

| Freedom 自由 |

　ワンスペース・リビングなら、ありきたりの窮屈なレイアウトに沿って日常の活動を分割し、その場に押し込める必要がない。つまりインテリアのデザインや設計にまとわりついた固定観念とは完全に一線を画したコンセプトだと言える。手持ちの空間を生かして手を加える、お決まりのレイアウトを変更する、非住宅を改装する──いずれにしてもデザイン・設計はプロジェクトごとに異なる。

　様々なケースがある中でも、一番自由に発想を生かせるのが非住宅を改装する場合だろう。住宅に特有の容積・構造・建材に縛られることなくオリジナルの空間を作り上げることができるからだ。もし費用などの諸条件が折り合うようなら、住宅の内装を全部取り除いてスケルトン（構造躯体）の状態にし、新たに作り直すのも同様に面白い作業になるはずだ。建物の建築的な特徴や立地に惹かれているなら、改装の手間をかける価値が十分あるというもの。それでも多額の費用がかかるのはもちろん、大がかりな作業になるので、きちんと腰を据えて時間・労力・努力を注がなければならないことを心得ておきたい。

　もっと手軽なスキームでも、程度こそ様々だが、やはり自由に空間を作ることができる。既製のオープンプランスペースをベースに、あれこれ手を加えてもいいだろう。床材や照明システムをそろえて調和感と統一感を演出すれば、わざわざ苦労したり費用をかけなくてもワンスペースの雰囲気が出る。つまり空間に個性を与えるには、スケールの大小はあっても、新しい工夫を加えることが重要なのだ。

（左）元印刷工場。その無骨な作りが発想のベースとなり、革新的な住宅スキームが生まれた。むき出しの金属製の支柱、舗装用コンクリート板の床材、プロ仕様の頑丈な調理器具──どれもがインダストリアルなスタイルによく合っている。

ワンスペース・リビングは、空間を最大限に生かすための住まい方。

Sense of space　スペース感

　スペース感は暮らしに生気を吹き込むもので、その有無によって生き生きと快適な環境になるか、魅力のない環境になるかが決まる。部屋の大きさや形を問わず、今ある空間の可能性を最大限に引き出せるのは、ワンスペースならではの特徴である。

　構造に手を加える大がかりな改装からシンプルなアイディアまで、スペース感を高める方法はいくつもある。壁や床を取り除いて2層吹き抜けの空間を作る、窓を広げる、使っていない屋根裏を改装する——どれも大がかりな改装だが、開放感と配光性の改善につながる。ただし、開放感があるほどいいというものでもなく、開放と包容のコントラストがスペース感を豊かにすることもあるので注意したい。広くするばかりではなく、空間の一部を区切るのもひとつの手である。

　一般的な内装だと、改装の際に取り除けない内壁が出てくることがある。構造上無理な場合もあるし、極端なオープンプランのレイアウトにすることで全体的な空間のバランスが崩れてしまう場合もある。そんな時は壁の面積を減らすか（縦・横どちらでも）、大小の内窓をあけるようにする。この方法なら元のレイアウトや耐力壁の役目を損なうことなく、ある程度の開放感と連続感を演出できるはずだ。

　ものを整理するだけでもスペース感はアップする。余計な家具を片づけたり散らかったものを整頓するだけで、空間に広がりが出る。たとえばテーブル回りに置く椅子を必要な数にしぼり、残りは収納する。キッチンのワークトップにはこまごました道具を置かないように気を配り、雑誌や本は並べて収納する。どんなに魅力的で大切なものでも必ず場所を取る。余計なものなら迷わず処分してしまおう。きっと片づける前との差が実感できるようになるはずだ。

(本ページ、左ページ左) ロフトを改装した住まい。上階の床を一部取り除き、2倍の高さの窓を取り付けることで、陽光とスペースを最大限に活用。

(左ページ中央) ギャラリーの奥には、リラクセーション・睡眠・入浴・仕事用の連続したエリアがある。スライドパネルをフレキシブルな間仕切りとして使用している。

(左ページ右) こざっぱりしたミニマムなキッチンエリア。ものを散らかさないように心がけるだけでも、空間全体にスペース感と明るさが増す。

（左ページ）これは工場を改装した部屋。軽量のペーパーバナーを境界にリビングとワーキングエリアを分離させている。バナーはその時々の条件によって位置が変えられる。

（左；下）広い邸宅の最上階を改装したコンパクトな住まい。詳細な計画とハイスペックなディテール（自由にカーブをつけられる折り畳み式のスクリーンなど）によって、最大限の融通性を確保している。

| **Flexibility** フレキシビリティ |

　他に類がないほどの融通性が秘められ、空間を最大限に活用できるのもワンスペース・リビングの特徴である。伝統的な日本のインテリアを見ると、ふすまや衝立などで一続きの部屋を区切ってレイアウトを変え、用途に合わせて空間を巧みに操作しているのがわかる。連続感を損なわずに空間を分割し、ある程度の独立感とプライバシーを確保するスタイルは、現代的な環境にも応用できるものである。

　ペーパーブラインド、自立式のスクリーン、ファブリック製の間仕切り——これらはどれも現代にふさわしい、低コストで効果的なアイテムである。たとえばリビングから丸見えの位置にバスタブを置くことになっても、長いファブリックを垂らせば目隠しになる。床まで届くペーパー製のハンギング（掛けもの）を天井からフックで吊せば、ワンスペースをリビングとワーキングエリアに分割できる。他にも、パネル（透明・不透明）、回転扉がついた壁、折り畳み式のドア、スライドするか回転してパーティションと兼用できるドアなど、様々な間仕切りがある。ただし、これらは自由に場所を移動できない。融通性をとことん追求するなら、オープンなエリアと囲まれたエリアのパターンをいくつか作り、その時々の条件に合わせてレイアウトを変えられるようにするのがいいだろう。

ワンスペース・リビングに欠かせない要素——フレキシビリティ

Integration 融合性

ワンスペース・リビングなら、生活に必要な条件すべてを満たす住環境が実現する。日常の活動をいくつかのエリアにまとめることで、効率的で居心地のいい住空間が生まれるのである。ただし異なる活動が同じエリアに重なることも多く、それぞれの活動をどう組み合わせるか、エリアをどうレイアウトするかが難しいところではある。

まずは住まいで行う日常の活動をリストアップすることから始めよう。関連する作業はひとつのエリアか、隣り合うエリアにまとめ、使用頻度・アクセスのしやすさ・他のエリアとの距離によって配置を決める。パブリックスペースからプライベートスペースへの移行も考慮し、フレキシブルに使える間仕切りを設置するか、移行用のスペースを設ける。

各エリアの融合作業で難しいのは、空間の開放感を保ちながらもプライバシーを守り、個人の空間を確保することである。このバランスを上手くとれるかどうかがワンスペースの住み心地を大きく左右する。様々な年齢で構成された世帯の場合は、

全員の生活条件をきちんと把握し、入浴や睡眠などプライベートな場所は間仕切りで目隠しできるようにしておこう。

　一般的には、実用性・動かせない条件・費用効率を考え合わせて答えを出すのがベストである。ガスや水道の配管や排水管の位置によってキッチンのシンクやバスタブを置く場所が決まってしまうなど、構造の仕様次第でエリアの用途や配置が決まることもある。それでも上手く計画を立てて配管し直すことで、無理に活動を区分しなくて済むケースもある。自由・融通性・個性こそがワンスペース・リビングの要になることを忘れずに。

（左ページ左）　一般的な住まいの改装例。仕切られていた部屋の開口部を広げ、ドアを取り外し、内壁を低くする──そんなちょっとした改装で、スペース全体に統一感が生まれた。

（左ページ右）　パリの元作業場を個性的に改装した例。キッチンの床を下げて、上部にスリーピングエリアを確保。1枚壁ではなくガラスパネルを使うことで、明るさと広さを最大限に活用。

（下）　バスエリアとリビングエリアをまとめた独創的なアレンジ。廃品利用のバスタブとソファでエリアを区分している。

（本ページ）　シンプルな白いロールブラインドが、壁一面の窓から差し込む光を穏やかに拡散させ、視点を外部から内部へと移行させる。

（右ページ）　ベイウィンドウの両側に取り付けた天井まで届くパネルがプライバシー感を添え、明るさを損なうことなく通りの喧噪から部屋を隔てている。

Positive assets メリット

　ワンスペースに改装すると、たっぷりの陽光・外の美しい眺め・魅力的な建築の意匠や構造に、部屋のどこからでもアクセスできるようになる。

　陽光は無地の白壁・ファブリックの色彩と質感・家具のフォルムやラインなど、あらゆるものに精彩を与える。その役割は照明だけに限らない。開放感を高め、コントラストと変化をもたらして空間に生気を吹き込む重要な要素である。室内が明るくなるよう構造に手を加えて配光を改善する場合は、光が差し込む方角や動いていく方向、明暗のスポットを綿密に調べる必要がある。この情報があれば空間を構成する際に役に立ち、日光を時間帯別に最大限に活用できる。朝日に包まれて目を覚ますようにスリーピングエリアを配置したり、午後遅くの日光を利用するようにワーキングエリアを配置してもいいだろう。

　それが難しい場合は、窓やスカイライト（天窓）を足すことで採光を改善する。天井のくぼんだ部分にスカイライトを作れば明るいライトウェル（光井）になるし、部屋のダイナミックな特徴にもなる。逆に明るすぎる光を拡散したりやわらげたりするには、モスリンか金属製のメッシュを張った移動式のパネルで窓やガラス壁をおおう。これは外と内をある程度画したい時にも使えるアイディアだ。ロールブラインドを取り付けてもいいだろう。

　オープンプランの空間に住む大きなメリットのひとつは、味わいある建物の特徴に接する機会が増えることである。天井の装飾的な漆喰製のモールディング・装飾的な暖炉・大きなベイウィンドウなど、ある部屋にしかなかった特色がワンスペース全体の特徴になる。かつて工場だったり住宅以外の用途に使われていた部屋では、元々の特徴が現在とは似ても似つかない以前の姿を偲ばせる手がかりになる。こういったものを新たなスキームの核にしてもいいだろう。たとえば鋼材でできた荷積み場のドアに、粗削りで化粧仕上げを施していない壁やむき出しの電線管を合わせて、ミニマムで実用に徹した美しさを追求する。丸いスカイライトなど、大胆な特徴を新たに付け加えて部屋のフォーカルポイントにしてもいいだろう。

スペースに残されたオリジナルのディテールが過去の姿を物語る。

ただし空間に建築的な特徴を加えた時のバランスと大きさは必ず考慮すること。もうひとつ、年代物の暖炉など以前のインテリアと強く結びついた特徴は、本来の背景から外れると映えなくなったり場違いに見える可能性があることも心得ておきたい。その結果、新たなアレンジの開放性と統一感を損なう場合もあるので注意しよう。

（左ページ）　地下スペースを改装した大胆な試み。スペースの半分をおおうガラス天井から差し込む光を最大限に活用。最も明るいエリアをリラクセーションと屋内ガーデンにあてている。

（上中央、右）　特徴的な半円のヴォールト天井を空間計画のベースにしながら、キッチンとダイニングエリアを中央に広く取り、入浴と睡眠用のエリアを壁の片側に配置。

Why one space? | 21

Change and review 変化と検討

　窮屈に分割された従来の住まいを卒業し、フレキシブルでカジュアルな住環境を目指すちょうどいい機会——ワンスペース・リビングをそんなふうに自然なステップと考える人もいる。またある人にとっては、新しい挑戦の対象——自由があり、空間や光に生き生きとした動きを感じる、今までとは別のライフスタイルを探求する機会——でもある。

　まったく違うライフスタイルに移る場合は、現在の環境からどの程度の変化を望んでいるかを考えてみよう。この時、将来の展開も考えに入れること。また、別タイプのワンスペース環境についてもチェックする。どのように事を進めればいいか、ヒントや情報が得られるはずだ。オープンプランの哲学はそれこそ様々な形で取り入れることができるので、必ずしもなじんでいるものすべてをシャットアウトする必要はない。

　ごく普通の住宅からロフトを改装した住まいへ移るケースなど、ワンスペース・リビングが根本的な環境の変化をもたらすようなら、大小の改造をする前に新しいライフスタイルに慣れる期間を取るようにしたい。まずはスペースの構成から使い方、エリアをオープンにする（または分割する）レベルまで、あらゆる点を検討すること。事によっては手持ちの家具についても再考が必要になる。とにかく即断は避けること。意識の変革と形にとらわれないプランの工夫は必要だが、より柔軟で実際的なライフスタイルを手に入れるための関門だと受け止めよう。ぶっつけ本番で大きな変化に飛び込むのが不安なら、オープンプランスペースを賃貸してから物件の購入を決めるといい。ワンスペース・リビングに自分が何を求めているか、考えをまとめるのに役立つはずである。

（左ページ）　ニューヨークのアパートメント。自在に曲げられるカーテンレールとビニール製のシートでスリーピングエリアを隔てながら、差し込む光を拡散させている。

（本ページ）　工場を改装した広々とした空間に、互いに連係するエリアをいくつも連ねている。ペーパーブラインドは、フレキシブルに使える間仕切りとして有効なアイテム。

オプション
options

移り住む部屋のサイズ、タイプ、スタイル、改装の程度など──
すべてを決めてしまう前に、条件に合う様々なオプション（選択肢）
を調べておこう。

One space opportunities ワンスペースの種類

基本的に、ワンスペースの住まいには2つの種類がある。ひとつは工場を用途変更したアパートメントなど、住宅以外の目的に作られていたスペースを利用したもの。もうひとつは元々フラットや一軒家だった住居で、最初からワンスペースだったものと改装してワンスペースにしたものがある。

住宅以外のスペース：

軽工業に使われていた建物はその広さとオリジナルのディテールのために人気が高く、不動産市場では希少な物件だが、このタイプなら個性的な住環境を最初から作り上げることができる。

ただし、こういう物件を購入して自分で手を入れるとなると、実際のところ大仕事になってしまう。建築許可や用途変更（非住宅から住宅用途へ）、電気・ガス・水道などの引き込みなどについて、所轄の官庁に何度も連絡を取らなければならない。また何かと手が掛かる上に、リスクがないとは言い切れない。そもそも1戸の住まいに改装できる物件を見つけることからして一苦労なのに、いい物件を手に入れるには時間と労力が必要だ。

一般的には改装済みの物件を探すのがベストだろう。その場合も元の建物を上手く生かした物件を探すようにしたい。建物の性格や構造を無視し、ありふれたつまらないインテリアに仕上げられたものは避けるべき。手つかずのままのスペースを見つけるのは難しいが、見込み客からの意見を考慮したり、積極的に求めたりするデベロッパーもいるので探してみよう。

興味を持った建物が改装中の場合は、施工業者かデベロッパーに連絡を取り、できるだけ早く改装工事に関わること。新たに工事した部分をやり直すことはできるが、オリジナルのディテールは失われたらそれきり取り戻せないからである。

（左ページ）この住まいのオーナーはアーティスト。幾何学的な間仕切りが、仕事場とリビングスペースの各エリアを明確に分割している。

（右上、右）非住宅用の建物をワンスペースの住まいに改装すると、空間の可能性が様々に引き出されることが多い。

（左下） 1950年代に作られたオープンプランスペース。いくつかの点に些細ながらも上手く手を加えることで現代風にアレンジし、都心のコンパクトで便利な根拠地にしている。

（左、右） 以前の改装時に取り付けられた間仕切り壁を取り除き、元の広さを復活させた。キッチンをカップボードに収めることで、コンパクトな部屋をこざっぱりとまとめている。

住宅用スペース：

　住宅用に作られた建物のメリットは、物件を手に入れやすいことと、住宅としての標準仕様が整っていることである。同時代または同タイプの一軒家やアパートメントならレイアウトや広さがまったく同じものも多く、内装や窓のサイズ、天井高が比較的無難にまとめられている。構造体に手を加えればこういったディテールも変更できるが、やはり基本的なスケルトンを隠すのは難しい。しかも住宅のスケルトンは目につきやすいものだ。

　とはいえ、ワンスペースに生まれ変わる可能性を秘めた物件は数多くある。一軒家からアパートメントまでタイプは様々だが、選ぶなら1層、または2層の建物が妥当だろう。特にフロア全体の採光を改善するつもりならなおさらだ。もちろん3～4層に渡る住まいも可能性がないわけではない。

　1950年代以降に立てられたフラットの多くはオープンプランに近く、カジュアルさを増した現代のライフスタイルを表すように、日常の様々な行為を融合したレイアウトになっている。面白いことに、1950年代のフラットには18世紀の住まいよりも厳密で端正な建築的センスを感じさせるものが多い。また1950～70年代の建築が備える強烈な美意識には安易なスペースの合理化を許さない力があり、改装計画を立てる際に一歩譲らなければならないこともある。

　現在、古い住まいは数戸に分けられているのが普通だが、これをひとつの空間に戻すと部屋の縦横のバランスが復活する他に、明るさや調和が蘇る。窓が本来の位置を占めて、光が間仕切り壁に遮られることなく室内を満たすからである。

（左ページ、左端） ニューヨークの元商業用スペース。運び込まれたアルミ製のコンテナが力強いインダストリアルな表情を醸し出している。パブリックスペースとプライベートスペースを巧みに分ける役目も果たしている。

（左） 換気装置に使った大きすぎるほどの管、カップボードドアにした銅板など、業務用品が装飾的な効果と機能性を兼ねている。

| New aesthetics ワンスペースのスタイル |

　インテリアの方向性を決めておくと（荒削りなインダストリアル風、またはハイスペックな仕上げの小綺麗で端正なデザインなど）、ひとつひとつのデザインやプランが首尾一貫したものにまとまりやすい。理想を言えば、改装に着手する前から目指すスタイルを考えておきたい。どう仕上げたいかをきちんと把握していれば、床材や壁の仕上げ材に何を使うか、どのようにスペースを分けて照明を施すか、どんな建具を取り付けるかを決める時の指針になる。そうすれば基本的な方針が空間に織り込まれ、いかにも付け足したような装飾的なものではなく、インテリアの内側からスタイルがにじみでるようになるはずだ。

　元々の構造体をベースにしたスタイルだと空間をすっきりと際立たせることができる。逆に構造とは無関係に選んだスタイルを無理に当てはめると、ダイナミックなコントラストをねらうのでない限り、ことごとく統一感を損なってしまう。空間に強力な個性と精彩を吹き込む要素である色彩・快適性・ものを持ち込むことを否定しているわけではない。調和しないもの同士を合わせることで、まとまりあるスペース感やシンプルな外観を損なう場合もあることを覚えておいてほしい。

　工場や作業場など元々工業用に作られた建物には、その造りや残された建築的なディテール、インダストリアルな要素に荒削りで鋭利なスタイルがよく似合う。オリジナルの造作をそのまま残すのは過去に存在した空間を心に留め、スペースの統一感を保つ方法でもある。体裁の良い仕上げでくまなくおおい隠し、建物が持つ伝統や元々の用途を思わせるものを無くしてしまうのは短慮というものである。

改装が済んだ時点ではなく、着手する前からスタイルを決めておくのが理想的。

ミニマムに抑えたスタイルがインテリアをすっきりと整える。

スペース感を大切にしたいコンパクトな部屋では、ミニマムに抑えたスタイルがインテリアをすっきりと整え、空間を最大限に活用する鍵になる。これを実践するには整頓とディテールへの配慮が何よりも重要だ。そのためには目配りが肝心。持ちものを整理し、不要品を処分するように心がけよう。散らかったものや余計な家具はスペース感を損なうだけである。

建物の建築様式と内装のスタイル的なコントラストは、ある程度の衝突を生み出してスキームに緊張感をもたらし、空間に精彩を与える。たとえば手つかずの工業用のディテールやむき出しの構造とモダンな布張りの椅子は面白い組み合わせになる。シンプルでオブジェのようなフォルムの家具を選んで対称的な配置にすると効果的だ。

建築様式がフォーマル、またはクラシックなものだと、やはり伝統的なインテリアが合うように思える。しかし、そういう空間をインダストリアルなアイテムを備えたワンスペースに変えることで、予想外のミスマッチが活気を生み出すこともある。このコントラストは部屋の構造体と家具を離して置くと効果が増す。自立式の建具や置き家具を使って互いの接触を最小限に抑えよう。

（右）　昔風の広い邸宅のリビングルームを、小さなワンスペースのアパートメントに改装。スペース感と明るさを出すために、内装から伝統的な装飾をすべて取り除き、ぎりぎりまでそぎ落としたミニマムなスケルトンの状態にしている。

（左）　装飾的なものがまったくないスペース。全体的なデザインと、木材・大理石・スチール・様々な白いパネルの組み合わせが、何とも言えず刺激的な表情をした整然たる空間を作り出している。

（上）　ニューヨークの広いロフト。白い天井・壁・滑らかなコンクリートの床が、東洋の影響を色濃く示す家具と民芸品の控えめな背景になっている。

（左、上、右上）校舎を大胆に改装した住まい。新旧の造作を絶妙なバランスで並置し、ダイナミックで現代的な環境を作り出している。下階は広いリビングエリア。両端に中二階に上る階段がある。

Structural change 改装にあたっての注意

プランニングとデザインを工夫すれば、空間を劇的に変化させて室内のスペース感と光を最大限に利用できるようになる。それほど大がかりな改装をしなくても、創意に富んだスキームを組むことでも空間を構成し直せる。後者には、現在の必要条件を満たしつつ将来の変化に対応する柔軟性を維持するという、実際的な生活環境を整えられるメリットがある。

どの程度構造に手を加えるにしても基本的なルールは守らなくてはならない。建築制限に注意して、関連する法規を遵守すること。対象がアパートメント棟内の1戸であるとか、歴史的な住宅や特別な建築的意義のある建物の場合、または建物の外観を変える場合は特に気をつけたい。

主体構造の一部である耐力壁（荷重を担う壁）を取り除くには、コンクリート・金属・木材などの梁を渡して開口部を支える必要がある。梁の太さは支える荷重の大小によって決まる。新たに開口部を作る、内窓をあける、中二階を増設する、床の一部を取り除く——これらの作業についても必ず補強手段を取らなければならない。非住宅用の建物の場合は補強なしで改装できる例もあるが、作業を始める前に専門家に必ず安全性を確認してもらうこと。

どんなに小さな改装といっても、構造に手を加えるとなると電気・ガス・水道などのシステムをいじるケースが多い。これにも規則があるので、やはり専門家に依頼して、配管し直す部分や新しいシステムについて検討するようにしよう。

（下）コーナーに寄せたワーキングエリアを、天井から床まで届くペーパーバナーが仕切っている。バナーにはメインスペースとワーキングエリアを分離させる重要な役目もある。

Assessment and action 検討と実行

計画を実行する前に、必ず検討する時間を設けよう。ちょっとした改装か根本的な改造かを問わず、スペースに何を求めているかを客観的に見極めるのが先決だ。

主に検討すべきポイントは、どうすれば手持ちのスペースを最大限に活用できるか、異なるエリア同士をどのように融合するか、ワンスペース全体をどのように見せたいかである。カップル、家族、グループ単位で住む場合、多目的なエリアに全員の要求すべてを組み込むのは難しい。それでも検討を重ねることによって最低限譲れない条件や、変更や改善の必要があるエリアが見えてくる。そうすれば貴重な時間や労力、創造性を、実用的で経済的な手段を探すことに傾注できるはずだ。

まずは空間の用途をすべて書き出そう。平日や週末の1日を追って、住まいで行う活動を残らずあげてみる。パブリックな行為はどれだろうか？　プライバシーが必要だったり、場所を分けなければならない活動は？　異なる活動同士で、相容れないものはないだろうか？　小さな子供がいるなら、子供1人ひとりについて、現在の必要条件と5年後の条件の両方をリストアップしておこう。

これらの情報をまとめておくと、各々のプライバシーレベルや開放できる度合いが異なる活動を統合する方法が見えてくる。また、プランやデザインを決定する際に必ず参照すべきチェックリストにもなる。プランを変更したり拡大する時も、このリストを活用すれば基本方針から外れることはない。

（左）料理と食事が住まいの中心的な活動なら、キッチンエリアをメインにする。このキッチンでは、鮮やかな色彩がその重要性を物語っている。

（本ページ）収納場所とタスク照明を組み込み、リビングとの連続性とプライバシーのバランスを程良く確保したスリーピングエリア。

決定を下す前に、改善点がないか検討し、思いつく限りの代替案をあげてみる。

　スペースに何を求めるかがはっきりしたら、現状の検討に入る。いい点と悪い点を見極め、部屋の容積と寸法を詳しく測る。大まかな間取り図を作って大体のレイアウトと設備類の位置を描き込み、スペース全体の動線を考えて、線が混んでいたり動きが不便なエリアがないかをチェックする。差し込む日光がどう動いていくかも図に示し、時間帯別にどのエリアに光が入るかを特定しよう。

　次に現在と将来の必要条件すべてと部屋の検討結果を合わせて吟味する。最終的な決定を下す前に、改善できる点はないかを考え、徹底的にプランを見直し、可能な代替案を調べる時間を取る。

　最後に予算枠を定め、変更限度を確認し、計画に支障が出た際に受容できる範囲やタイムリミットを決める。構造に手を加える、空間の構成を大きく変える、または既設の電気・ガス・水道などの配管設備を動かすつもりなら、専門家に依頼して、プロならではのアドバイスとアイディアを得るようにする。

　このように細大漏らさず検討する理由は、最終的に十分に客観的できちんと段階を踏んだプランを立てるためである。改装の大小に関わらず、最も実用的で経済的な方法を見つけておくことが肝心だ。施工業者に依頼して工事が始まってから方針を変えるのでは費用が跳ね上がる。できれば作業が始まってからの変更は一切控えたい。これは余計な出費と工期の遅れを防ぐのが目的だが、業者との間に良好な関係を保つためにも遵守したい点である。

（左）　元々は軽工業に使われていたスペース。白く塗る、DIYでリビングとワーキングエリアを斜めに仕切る壁を入れる、スリーピングエリアへの階段を付設することで、費用をかけずに改装。心地よいスペース感と広さ、明るさを備えたシンプルで快適な空間に生まれ変わっている。

help ヘルプ：専門家への依頼

家屋の基本的なアメニティ構造に変更を加える大がかりな改装の場合は、必ず何らかの形で専門家の意見を取り入れるようにしよう。

（左ページ、左） 一般的な家屋の場合は、壁や床を取り除くなど大きく空間を構成し直せるとは限らない。そんな時は、内窓をあける、開口部を広げるなど、簡単な方法を代替案として採用する。これだけでも空間が一変し、新たな連続感と刺激的な眺めが生まれるはずだ。

（上） 構造に徹底的に手を入れて、ディテールの隅々に至るまで個性を表現する。ここでは壁に縦溝を設けて現代的な暖炉にしている。

Architects, surveyors, engineers and builders 建築家、公認調査士、構造技術士、施工業者

総じて改装作業は3段階に分けられる。計画・設計、管理・事務処理（建築関連法規の確認、建築許可の申請も含む）、そして実際の建築工事だ。大規模で複雑な改装を行う場合は、計画・設計・作業の管理を専門家に依頼すること。比較的簡易な工事なら、ある部分に限って専門家に頼むこともできる（建築家に改装の計画と設計を任せ、監督作業は省くという具合に）。改装の規模に関わらず、専門家に作業計画を立ててもらえば、失敗や行き違いが起きにくい。

architects（建築家）：

建築家は経験を生かして計画の具体化に当たり、独創性や費用効果の点でもベストな結果を保証する。計画・設計、建材の選択・推薦、各建具・設備を扱う請負業者やメーカー探し、優秀な施工業者の推薦などが役目。建築家とよい関係を築くには信頼とコミュニケーションが大切。気に入った作品がある場合は直接その建築家に会って話をするか、人づてに紹介してもらうのがいいだろう。作品については最近の写真を見せてもらうか、実際に足を運んでみること。

chartered surveyors（公認調査士）：

物件の売買全般に関わるアドバイスを行う。不動産を購入する際や、手持ちの物件の構造に手を加えるつもりなら、公認調査士に調査を依頼すること。建物の状態について有用な情報が得られるはず。欠陥があれば教えてくれるので、それを考え合わせて購入するか否かを決めてもいい。改善を要する点があればやはり指摘してくれる。

structural engineers（構造技術士）：

建物の構造と強度を判定。その対象は基礎・壁・柱・梁・屋根材など、いずれも設計・建築・補修・改装・増築と、建築作業全般に直接関わる要素だ。図面の作成・建材の指定・法規と規定のチェックおよび関連する許可の取り付け・費用の見積もり・実際の建築作業の監督なども行う。

builders（施工業者）：

建築施工業者を探すなら、人づてに推薦してもらうのがベスト。建築家に依頼してある場合は、作業を引き受ける業者を見つけるか紹介してもらえるはず。または同業組合に問い合わせれば、近くの業者を推薦してくれる。こちらの条件は正確に伝えること。詳細な指示書を用意し、業者からは書面で見積りを出してもらうこと。

（注意：上記はすべて英国の建築技術者制度に沿った記述である）

belgian beach house

ベルギーのビーチハウス

CASE STUDY 1 | SPACIOUS SEASIDE APARTMENT

ケーススタディ1　海辺の広いアパートメント

これは海沿いの町にある、現代的だがよくある週末用の別荘。構造に徹底的に手を入れて、これ以上ないほどフレキシブルな空間に変身させた例である。新たなオープンプランスキームを採用することで、空間の使い方、配光、そして海の眺めを改善。海辺という立地に完璧なまでに合う、広さと開放感を備えた光あふれるアパートメントは、繁雑な都会の生活から逃れる憩いの空間になっている。

このアパートメントは海を見下ろす絶好の場所にある。これといって特徴のないアパートメント棟の端から端までを占める長方形の部屋で、その両端には大きな窓とテラスがあり、部屋の片側には隣に立つ同じ形の建物に面した窓が並んでいる。元々の内装は面白味のないレイアウトで、配光も海の眺めも悪く、スペースが持つせっかくの利点を生かし切れていなかった。

　改装にあたり、建築家はアパートメントの両端に広いオープンエリアを作り、気持ちのいい陽光と美しい海景をフル活用するプランを提案した。海に面する表側にリビング・ダイニング・キッチンエリアを配し、奥には街に臨むスリーピングエリアを設置。あいだにワーキング・収納・シャワー＆バスエリアを並べて、アパートメントの端同士を結びつけるというプランである。

　各エリアを開閉してスペースを分割する不透明ガラスと木製の可動式パネルを使い、空間が持つ様々な可能性を演出する。木製パネルを廊下に引き出すとアパートメントが2つのパートに分かれるが、同じ様な位置にあるガラスパネルを使うと分離の度合いが一変する。建築家は住まいの表エリアと奥の設備とのあいだに開閉自在なフレキシブルな間仕切りを設置したいと考えていた。それを実現させたのがこの可動式パネルである。リフォーム後の空間は海側にリラクセーションエリアとキッチンエリア、街側にスリーピングエリアとバスエリアという元のレイアウトの名残こそとどめているが、居心地は一変した。

間取り図　このモダンな海辺のアパートメントは、細長い長方形の間取り。両端と片側全面に大きな窓が並んでいる。フレキシブルなスライドパネルを使い、表のパブリックスペースと奥のプライベートスペースにアパートメントを二分。あいだにワーキング・バス・収納エリアを挟んでいる。

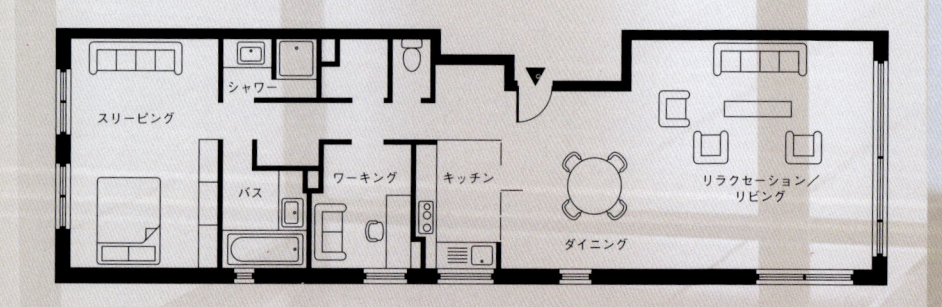

（左ページ差込、右） ワークトップと調理器具を目隠しするステンレスのシャッターからキッチンを囲むガラスパネルまで、フレキシブルな間仕切りをふんだんに使ったキッチンエリア。

（本ページ） 部屋を貫く廊下が、メインとなるスリーピングエリアとリビングを結んでいる。木製またはガラス製のパネルを廊下に引き出すと分離感が出る。

ガラスパネルで囲んだキッチンエリアにもフレキシブルなスタイルが貫かれている。パネルを閉じると、まるで抽象芸術作品のような不透明なボックスになる。パネルの引き開け方次第でエリアが変容し、サイトライン（可視線）と通路が変化する。海方向に面する4枚の軸吊りパネルはそれぞれ自在に角度を変えることができ、動かす度に光を反射・屈折させる。ガラスパネルにはモノクロの像や影が映し出され、その新鮮な光景と陰影が空間に精彩を与えている。

（左ページ上）スリーピングエリアに、安らげる家具、テレビ、様々な照明を備え付け、第2のリラクセーションエリアにしている。

（左ページ下）よくあるベッドサイド家具の代わりに、フレキシブルに使えるスタッキングテーブルを設置。

（中央）陽光、調節可能な暖房装置、柔らかい座り心地のソファ、ドリンクや本を置けるローテーブル——すべてがそろったパーフェクトなリラクセーションエリア。

（右、右差込）狭いアルコーブにはめ込んだデスクが、使いやすいワーキングスペースになっている。

　部屋のあちこちにある光沢材も光を捉えて反射し、同様の効果を上げている。部屋全体に敷いたシカモア材の床（シャワー＆バスエリアは例外）、キッチンのステンレス製ワークトップ・設備・シャッター、大きな鏡、そのどれもが隅々までほんのりまぶしいような表情と質の高い照明に貢献している。

　差し込む光をやわらげ、グレアと余計な熱気を防いで快適な環境を保てるように、窓には残らず白いロールブラインドをかけている。このブラインドを開閉することで部屋のポイントを変えることもできる。ブラインドを下ろせば拡散された陽光が外界と隔絶された包容感をもたらし、上げれば刻々と変容する海と空が視界に飛び込んでくるため、雨風にさらされるような開放感と外部との連続性が得られる。

ワンスペースの区切り方

zoning

relaxing | cooking | bathing | sleeping | working

リラクセーションエリア
キッチンエリア
バスエリア
スリーピングエリア
ワーキングエリア

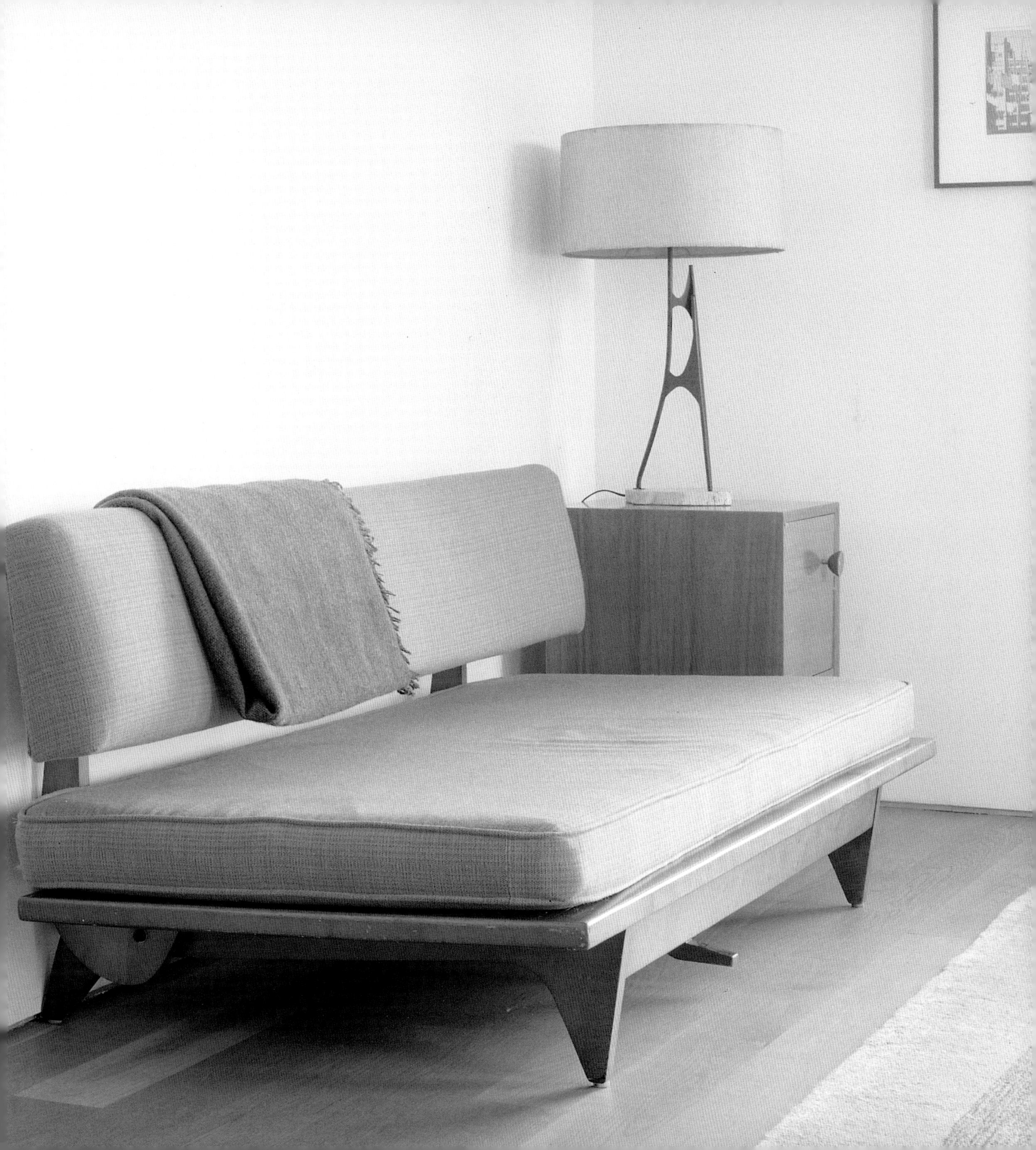

（本ページ）　明るくオープンな作業場を改装した住まい。キッチンエリアに設置した背の高い収納パネルが、表と奥の活動エリアを分けている。

ワンスペースにする——異なる活動を組み合わせ、
相互に関わり合う連続した空間として配置すること。
照明を上手く施したオープンスペースをリラクセーションエリアにあてて、
家族や友人とくつろげる心地よい空間にしよう。

relaxing
リラクセーションエリア

　様々に異なる活動を合わせて組み込むワンスペース・リビングでは、目的ごとにスペースを割り当てると秩序が整い、空間を最大限に活用しやすくなる。ただし、ひとつの目的に専用のスペースを設けるのではなく、料理と食事、読書と音楽鑑賞など、関連するものをいくつか組み合わせるのがポイントだ。各エリアごとに固定式の間仕切りを設ける型通りの住環境とは違い、オープンプラン環境の要は開放感・融通性・統合性にある。したがって、あるエリアが本来の目的通りに機能するかどうかと同じくらいに、住空間全体との結びつきも重要になる。

　スペースの構成の仕方については定石などない。求めるものは1人ひとり違うし、対応策もエリアごとに異なる。友人や家族と語らいながらの料理やテーブルを囲んでの食事など、人との交流を好むなら、それもひとつの指針になる。ビデオ鑑賞や音楽鑑賞、フルートを演奏するなど、趣味が違えば構成もまた変わる。

（左）　これは多機能なリラクセーションエリア。スライドパネルを巧みに使って独創的な収納法を実践している。パネルは、淡色と白色でまとめたスペースに、鮮やかな色合いを添える役目も果たしている。

（上）　窓際にいくつか置いた椅子が、つい誘われて腰を下ろしたくなりそうなスポットを作り出す。軽量の折り畳み式なので気軽にアレンジを変えられる。平らにすれば収納も簡単。

Relaxing | 49

リラクセーション・ダイニング・キッチンエリアにはよく光の当たる所を利用できれば理想的だが、それぞれに割り当てる空間の大きさや優先順位は個人の好みによる。必要な条件をよく検討し、メインになるスペースが自分のライフスタイルになじむように構成したい。

　様々な活動が共存する多目的なリラクセーションエリアで一番肝心なのは、家具・収納スペース・照明を柔軟に使えるように整えることである。家具のスタイルと位置、照明効果は、その場所の日常的な用途を浮かび上がらせるとともに、使い勝手の良さにも大きく貢献する。

　家具を選ぶ際は、部屋の大きさと作りを考慮すること。広すぎるほどのロフトなら、ローテーブルを中心に大きなソファを幾何学的に並べることで、地に足のついたリラクセーションエリアが演出できる。柔らかな質感やフォルムの家具もインダストリアルなコンクリート床や非住宅用のディテールと合わせると意外な面白さが出る。狭いスペースでは、必要以上に大きい家具が空間を圧迫しないように注意しよう。その場の全体的な柔軟性や融通性を損なってしまうからだ。

　リラクセーションエリアでは椅子が主役になることが多い。その場のスタイルを決めたり、リラックス度を物語るのも椅子である。用途ごとにそれぞれに合う椅子があるので、条件に合わせてソフトな（もたれかかれるような）椅子とハードな（背もたれの真っ直ぐな）椅子を用意して、用途を浮かび上がらせよう。

（左ページ左）　朝食＆アフタヌーンティ用にアレンジされた、こぢんまりと心地よさそうなスポット。吊り下げたファブリックがこのスペースをさらに際立たせる。

（左ページ上下）　シンプルなモスリンのカーテンが陽光を拡散する。かすかに透ける間仕切りとして、パブリック＆プライベートスペースを分ける役目も果たしている。

（本ページ）　ニューヨークのロフトスペース。テーブル＆チェアのクラシックなスタイルとフォーマルな配置が、スペースのラフな作りとのコントラストを作り出す。

会話やくつろぎの場ならアームチェアをいくつかまとめ、静かに読書をする場ならリクライニングチェアをひとつだけ置く。食卓の回りには背もたれの真っ直ぐな椅子を配置する。ソファは1人掛けの大型椅子の代わりになってしまうことが多いので、必ずしも用意する必要はない。寝転んだり足を上げたりしてリラックスしたいのなら長椅子やデイベッドがいいだろう。さほど場所もとらないし、かえって座り心地がいいことが多い。実用性から言うと1人掛けの椅子が動かしやすく配置換えが簡単なので、幅広い用途に使えて便利である。

　補助椅子として空間を有効に利用できるのがロースツールと収納用のキューブだ。これらは時々人が集まるような場所に最適な椅子である。ミニテーブルとして電話台にもなるし、本を積んだりコーヒーカップを乗せておくこともできる。床にフロアクッションを敷けば、リラックス感が増してカジュアルな雰囲気になる。子供用の椅子としても利用できる。

（本ページ）　多目的なリビングスペース。家具の配置と照明によって各エリアを分けている。クラシックなソファ、ローテーブル、タスク照明を合わせ、読書とリラクセーション用の心地よい空間を作り上げている。

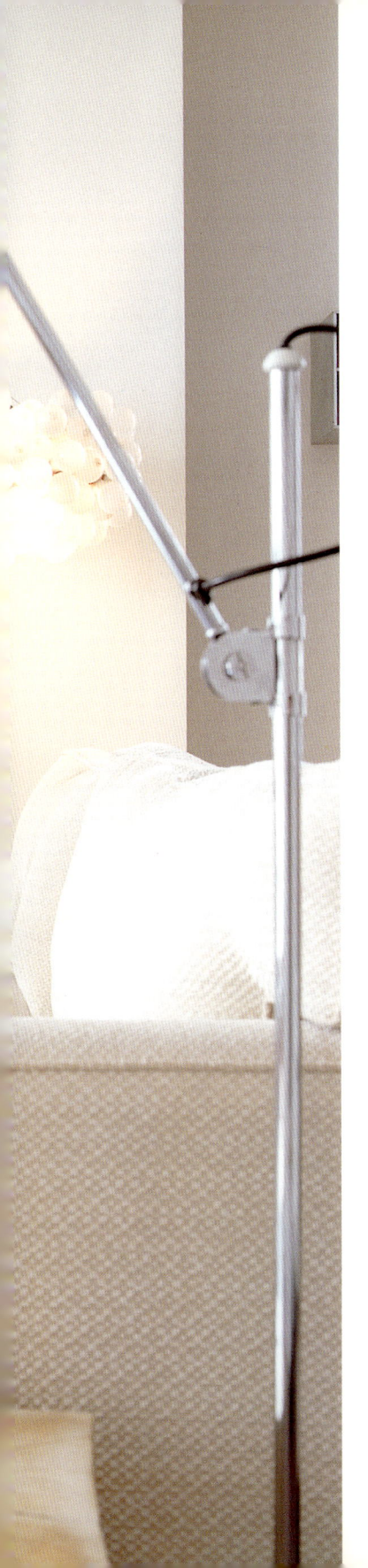

スタイルの新旧を問わず、椅子の代わりに使えるのがベッドである。これなら何人かで快適に座ることができるし、広いスペースでも小さなスタジオでも活躍する。とにかく融通性を追求するならキャスター付きのベッドを選ぶこと。保護の意味もあるが、ベッドリネンはカバーをかけてしまっておく。枕や上掛けは別の場所に収納するか、ベッドの高さがあれば箱に入れてベッドの下に収納する。下部に収納スペースが組み込まれたソファベッドもあるので検討してもよいだろう。

すっきり整った感じを出し、スペース感を保つためにも、出し入れしやすくてフレキシブルな収納法を取り入れる。本・テレビセット・CDプレーヤー・CD・ビデオデッキ・ビデオテープ・ボードゲーム・コンピュ

（左ページ左）　オープンプランのアパートメント。窓際の落ち着いた場所にテーブルと椅子を置いて本式のダイニングテーブル代わりに使用。

（上）　メインリビングの奥にある小さなスペースに、安楽椅子と柔らかいラグを配置して、カジュアルで居心地のよいシーティングエリアを構成。

（左下）　移動式ワゴンにテレビとビデオデッキを格納すれば、見やすい位置に動かせる。使わない時は目立たない場所へ収納できる。

（下中央）　木枠に編み地を張ったコンテンポラリーなクラシックチェア。場所を取らない上に座り心地も抜群。しかも気軽に配置を換えられる。

（右下）　椅子とテーブルを置いた上階のギャラリー。メインのリビングとは別に座席を確保しておけば、もうひとつのリラクセーションエリアが生まれる。

ーターゲーム・その他楽器など趣味のアイテム、いずれにも棚のスペースを用意しなければならない。確かにすべてのものに定位置を作るのは難しいが、効率的な収納計画を練ることで、もの同士の場所争いや散漫な雰囲気をなくすことができる。ただし何もかもを隠してしまうのでは味気ない上に親しみやすさに欠ける。大切なのはバランスだ――ディスプレイするのはお気に入りのアイテムに留め、残りは見えない所に片づけよう。

ワンスペースでとにかく役に立つのが移動式のワゴンである。オーディオやテレビなどの重い機器を乗せておけば取り回すのも簡単だし、使わない時は移動しておける。大画面のテレビも部屋の中央に置いて見た後は、目立たない所に収納しておけばいい。

建物の構造を利用した収納法もある。狭いアルコーブに本棚をはめ込めば、そのままでは無駄に空いていたスペースを活用できる上にさりげない収納場所になる。構造上できてしまった隙間は徹底的に使い、アルコーブは収納ユニットかディスプレイスペースとして有効利用する。

リラクセーションエリアでは照明にも工夫が必要だ。照明の組み合わせを変えることで、明るく陽気な表情からしっとりと落ち着いた雰囲気まで様々なムードが演出できる。リラクセーションや娯楽にはほのかなアンビエント照明がベストだろう。これにはメインの照明に調光スイッチを取り付ければOK。アクセント照明は光と影のコントラストが際立つエリアを生み出して空間に精彩を与える。一方、仕事や作業などに必要な明るい光を投げかけるのがタスク照明だ。

照明の設計は難しいので、照明システムを新設するつもりなら専門家に相談してみること。フロアライトを足してメインの照明やウォールライトを補うことでも、組み合わせの幅を様々に広げることができる。

（本ページ）　ニューヨークのロフトに映える、通常の2倍の高さのピクチャーウィンドウ。思わず視線が釘付けになる。快適なシーティングエリアの背景になっている。

london purpose built

ロンドンの住宅

CASE STUDY 2 | MODERN CITY APARTMENT
ケーススタディ 2　都会のモダンなアパートメント

オーナーのデザインスタジオから歩いて数分の距離にあるこのコンパクトなアパートメントは、構造体の力強いスタイルと賑やかな都心部に立地する利便性とが相まって、刺激的ながらも実用的な住まいになっている。何カ所かに工夫を凝らした改装を施し、スペース本来の持ち味と統合性を生かしつつ型にはまらない空間を目指したことで、モダンで生き生きとしたスペースに生まれ変わった例である。

ここは都心部に位置する低層アパートメント棟の最上階にある、1〜2人用のオープンプランルームである。1950年代に、看護婦や警官など地元のブルーカラー専門職のために建てられた公営住宅団地の一部であるため、改装を制限して現状を保つべく第2種に指定されている。

　住人規約においても、このアパートメントの歴史を理解して心に留めるよう強調されている。だが、それがまたここに住まう面白味を倍増させた——規約のせいで違法に設置されたキッチンにも手を着けられないなど、筋の通らないこともあったのだが。オーナーの目的は部屋の修復だったが、そういった理由で、シンプルなキッチンに戻すだけでも建築許可が必要になった。

　フルサイズのアーチ型の窓と半円筒形のヴォールト天井があるのは棟の最上階だけだが、この窓と天井のおかげで光がたっぷり差し込み、部屋全体にスペース感がもたらされている。壁一面にはめ込まれたガラス窓は、向こうに広がるイーストロンドンの景色を切り取っている。足を踏み入れるとまずこの景色が目に入り、次に全体の明るさとスペース感に心

（本ページ、右ページ）　玄関から入ると左手にキッチン、真正面にリビングエリア、右手のオープンな間仕切りの奥にスリーピングエリアがある。

を奪われる。それから視線は玄関脇のキッチン、奥のリラクセーションエリアへと導かれていく。

部屋の7割を占めるリラクセーションエリアには、用途に合わせて様々な座席が配置されている。食事や作業用のテーブル回りに配置された椅子の他に、窓から見える光景を1人眺めるための椅子、会話を楽しむためにソファと合わせて使う椅子もある。

（右）キッチンとメインリビングを仕切るのは、背板付きの棚とオープン棚を組み合わせたオリジナル収納システム。普段使いのキッチンツール一式を効率的に収納しながら、散らかりがちなものを巧みに目隠しできる。

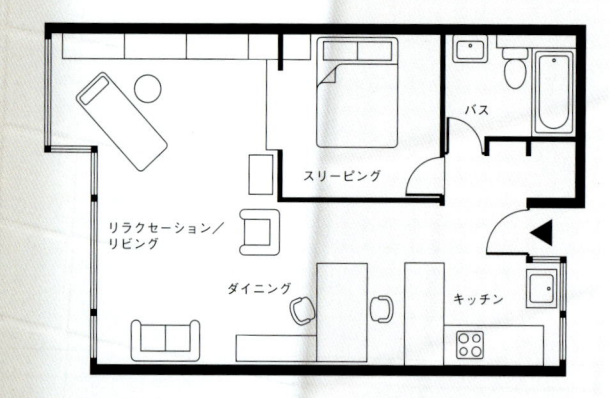

間取り図 このアパートメントはコンパクトな長方形。リラクセーションエリアの真向かい一面がガラスになっている。ヴォールト天井が、部屋の前部と奥部のアーチ型の窓を結んでいる。

キッチンとリラクセーションエリアに作り付けになったオープンな収納スペースは、オリジナルのディテール。コンパクトな部屋にはこういった収納スペースが欠かせない。

単独で置いたラウンジチェア・読書灯・補助テーブル・それにデザインと写真関係のたくさんの本から、そこが趣味と活動のキースペースであることがうかがえる。本をしまうためのシンプルな収納システムは、改装中に付け加えたもののひとつ。リラクセーションエリアの端から端までを占めるこの書架は、収納とディスプレイという両方の役割を果たしている。

スリーピングエリアは1段上がったオープンなボックスの中にあり、ラウンジチェアからその全体が見渡せる。高さを変えた床・収納ユニットと交差する壁パネル・チェーンのカーテン、いずれも改装中に付け加えたものである。この壁パネルとチェーンのカーテンが、エリア間の移行を遮ることなく空間を巧みに分離している。もちろん全体的な開放感を損うことはない。このコンパクトな部屋の真髄が、ここに強調されている。異なるエリアが自然に関わり合いつつも独立感を保ち、機能ごとに異なるスタイルをさりげなく表現しているのだ。

（左、右上）メインのリビングエリアとスリーピングエリア間の開口部に下げたチェーンのカーテン。金網のように見える、独創的なスクリーンだ。

（左上）シャツを収納するカラーボックスは、壁側を向ければベッド回りの小物を乗せる棚にしか見えない。

（左下、右下）オープンな書架に付けたアルミ製のスライド式パネルが、ディスプレイを分断して変化をもたらす。書架はスリーピングエリア内にも続いている。

London purpose built

スペースの状況に応じて上手くプランニングすることで、
高性能で使いやすいキッチンエリアができる。
間仕切りを工夫し、十分な収納場所を取ってスペースの融通性を高め、
部屋全体との一体感を強めるのがポイントだ。

cooking
キッチンエリア

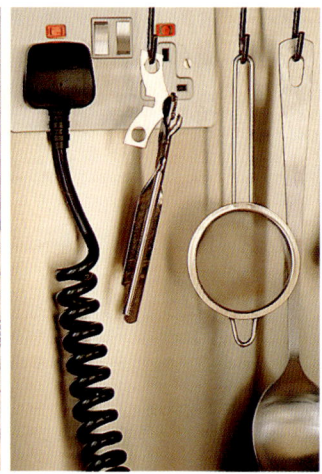

キッチンエリアを計画する時は、使用頻度・アクセスのよさ・スペース全体との位置関係を考慮する。料理と食事の関係についても改めて考えてみよう──毎日料理をするのか、それともできあいの食事を温めるほうが多いのか、何人分の食事を用意しなければならないのか。キッチンエリアの大きさやウェイトの置き方には、生活の中におけるキッチンの役割と重要性を反映させる。全体のスキームが簡単になるからと、大げさに見積もったり過小評価したりするのでは、せっかくの機会を無駄にするだけでなく労力と空間の浪費につながる。現実的に見極めるように心がけよう。

新しいキッチンを収めるために部屋を改装したり、既設の設備に手を入れる時は、前もって電気・ガス・水道施設をチェックする。特に上下水道施設の場合は外壁まで配管を伸ばさなくてはならない。既設の施設を延長してキッチンの位置を変えることもできるが、機能が不十分だったり古かったりする場合は全部入れ替えるようにしよう。ただし十分に実用的で費用に見合うキッチンを作るには、専門家のアドバイスが必要になる。

(左上) ハイスペックなステンレス製のユニット・キッチンツール・ワークトップなどの硬質な設備類が、ミニマムな表情を描き出す。

(上) このコンパクトなキッチンは、折り畳み収納式の戸ですっぽり目隠しできる。

(右ページ) カップボードに収まるキッチンはコンパクトで実用的。週末の骨休めに使う都会のアパートメントには、これくらいがジャストサイズ。

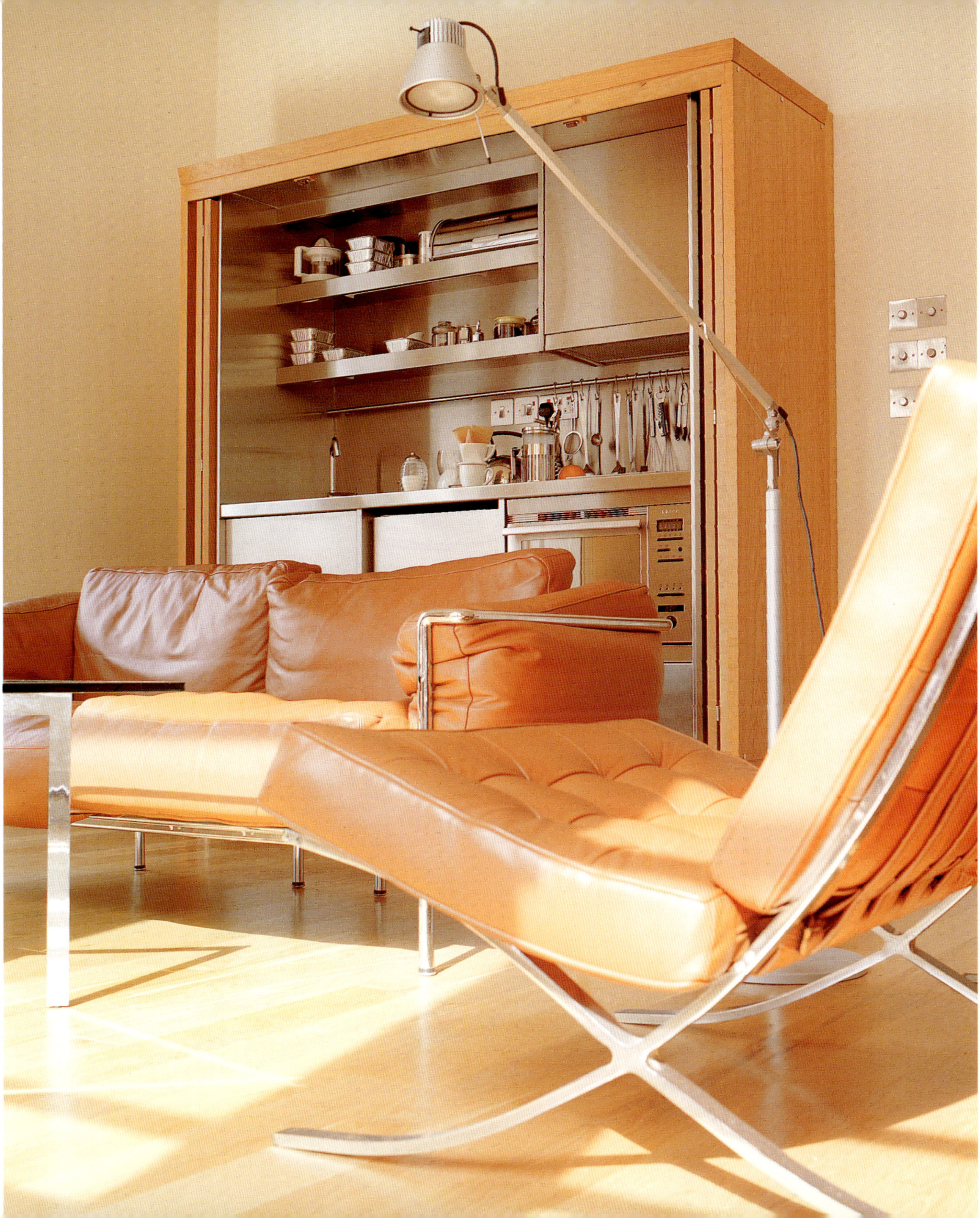

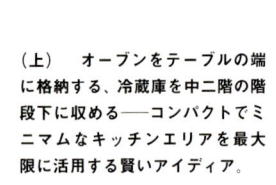

（上）オーブンをテーブルの端に格納する、冷蔵庫を中二階の階段下に収める——コンパクトでミニマムなキッチンエリアを最大限に活用する賢いアイディア。

（上）使わない時はテーブルの下に収納できる長い木製ベンチ。シンプルで整理の行き届いたこのキッチンエリアにぴったりのスペース節約術。

（右ページ左上、右上）キッチンエリアの2面にある縦長の窓から差し込む光がクッキング＆ダイニングエリアを照らす。ベネチアンブラインドが光をやわらげ、グレアを防ぐ。

（右ページ下）2口レンジと円形のシンクを備えた、ハイスペックなクッキングエリア。キッチンテーブルと組み合わせて、手持ちのスペースを巧みに活用している。

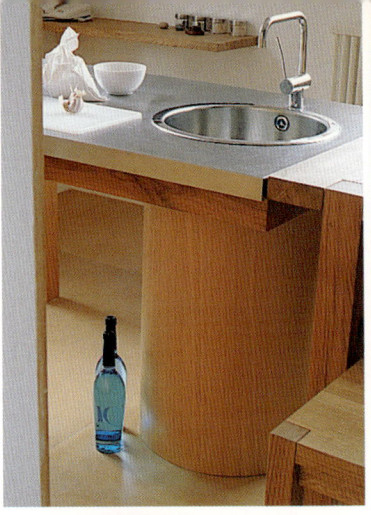

排水管はなるべく垂直なほうがいいので、キッチンのシンクや皿洗い機、洗濯機などは主排水口からあまり離れたところには作らない。パイプの詰まりを防ぐために、できれば配管し直すか手を加えて排水管の屈曲を最小限に抑えるのがベスト。

余分な湿気を除き、調理時のにおいが他のスペースに広がるのを防ぐため、換気にも注意する。衣類をオープン収納しているようなケースでは特に気をつけたい。窓をあければ新鮮な空気が循環するが、それでもハイスペックな調理器具を使っている場合は、周囲のファブリックにダメージを与えたり変色させる余分な湿気が発生する。香りは調理時や食事時に大いに食欲をそそる大事な要素だが、宵越しのにおいは歓迎しかねるもの。換気扇か排気システムを使って清浄な空気を保つようにしたい。直接排気する場合は、レンジの上に換気ユニットを取り付ける。全体的に換気する場合は、壁や窓に換気扇を組み込めばOK。

キッチンの向きについても検討したい。これはキッチンエリアだけでなく、住まい全体の統合性にも影響を与える重要なポイントである。外に面した壁（普通は窓があって景色が見える位置）に低めのキッチンユニットを置けば、キッチンエリアや立ち働く人に視線が集中するようになる。ただし、調理のためにワークトップに向かうと他のスペースに背を向けることになるので、1人で黙々と料理に集中したい人向けのアレンジだ。

両側から器具を使える低いユニットを壁から離して設置し、回りを自由に動き回れるようにしてもいいだろう。これなら作業中の向きを簡単に変えられるし、位置次第でまったく違う気分が味わえる。目を離せない小さな子供がいたり、家族と触れ合いながら料理をしたいなら、このアレンジが実用的で便利だ。

Cooking | 65

キッチンを2列に分けたり（高いユニットと低いユニットを組み合わせるのが一般的）、アイランド型にして設備一式を組み込んだりすることもできるが、エリア内の動線が変われば、部屋全体との結びつきや関わり合いも変化する。

　キッチンエリアを人が集まる場にしたいなら、上記の点を考慮して居住空間全体を計画するようにしよう。両側からアクセスできる広いワークトップを作り、作業テーブル回りにスツールを並べれば、自然に人が集まりやすく調理にも参加しやすい。居心地のいい座席をそばに作ってもいいだろう（ただし作業動線の妨げにならない位置に）。開放感、アクセスのしやすさ、明るさ──これらはすべて、親しみやすくリラックスできるキッチンに欠かせない要素である。

　キッチンでは安全性にも特に気を配りたい。熱くて危険な場所のそばに人を座らせるのは禁物だ。座席は、加熱調理器具・シンク・ワークトップを結ぶワークトライアングルの外に配置する。全体的な効率性と安全性のためにも、調理ユニットの脇に耐熱性のワークトップをつけて、熱い鍋類を持って歩き回らなくて済むようにしたい。

（左上）　ワークトップの端に回転椅子を配置したりとキッチンエリアに座席を作れば、自然と人が集まる場になるだろう。

（中央）　高低2列に並べたキャビネットに使いやすいキッチンを格納。大容量の収納スペースの出し入れも簡単。

（上）　引き出し・カップボード・ユニットに新しい化粧板をつける。これは費用をかけずに個性的なデザインにアレンジできるアイディアのひとつである。

（下）　ワークトップ上にコンセントを埋め込むことで、効率性と利便性をアップ。コードを長々と延ばすような危険なことをしないで済む。

Cooking | 67

(上) キッチンエリアの端にある2枚のスライドパネルの引き具合で、独立感の度合いや差し込む光の量を様々に変えられる。パネルを全開すると、入り口にある縦型収納ユニットにぴったり並んで収まるサイズ。

(右ページ上) 校舎を改装した住まい。中二階の下にコンパクトなキッチンがすっぽりはめ込まれている。そこから2層吹き抜けのダイニング&リラクセーションゾーンが見渡せる。

(右ページ右) 設備と調理エリアを隠す引き下げ式の平面パネルと、キッチンとダイニングエリアを分けるロールブラインドが、散らかりがちなものやキッチンそのものの目隠しになっている。

もちろん安全性と実用性の理由から加熱調理ユニットとシンクは据え付けにすべきだが、あとのものは完全に固定する必要はない。ワークトップ・キッチンテーブル・収納ユニットなど、どれも移動式にすればキッチンエリアの融通性が増し、その時々の用途に合わせて作業環境を変えられる。コンパクトなキッチンエリアに移動式のユニットをひとつ用意し、邪魔にならないようにワークトップの下か作り付けのカップボードの中にしまっておけば、ぐっと使い勝手がよくなるはずだ。

　見せる・隠すの程度を様々に変えられるキッチンだと、やはり融通性がアップする。引き下ろし式のシャッターやスライドスクリーンなどで調理ユニットを隠すだけでも、大家族の食事を用意する大がかりな機能から、コーヒーを入れるシンプルで何気ない作業へと焦点を移すことができる。強調点や外観を変えると、重作業をこなすキッチンから目立たないカジュアルなエリアへと表情が一転するため、使い方にも幅が出る。照明によって、ある作業から別の作業へとポイントを移すという方法もある。

　キッチンエリアにある業務用の器具は、ひとつのパネルかユニット内にまとめて配置すれば効率がよくなり、見た目もすっきりする。合理的で人間工学にかなった一続きのワークステーションとしてキッチンエリアを計画すれば（通常は高低2つのユニットを組み込む）、手持ちの空間を余すことなく活用できるはず。スペースがない場合は、中央の作業台に調理と食事のエリアをまとめて、その端にオーブンとレンジを組み込み、別の場所に収納ユニットを設置する。空間に活気と個性をもたらすディスプレイやオープン収納ができないわけではないが、所狭しとものを置くことだけは避けること。

Cooking | 69

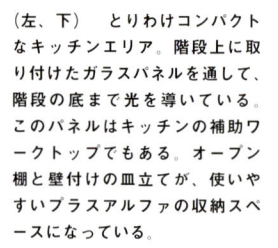

（左、下）とりわけコンパクトなキッチンエリア。階段上に取り付けたガラスパネルを通して、階段の底まで光を導いている。このパネルはキッチンの補助ワークトップでもある。オープン棚と壁付けの皿立てが、使いやすいプラスアルファの収納スペースになっている。

（右）特注の独創的な折り畳み式テーブル。足にあたる部分が伸縮するのでテーブルの長さを調節できる。しかも使わない時は平らに畳んで壁のくぼみに収納できる。

　キッチンエリアの位置と構造を最終的に決定する段階になるまで、レイアウトやスタイルについては柔軟な態度でのぞむこと。もちろん決定の段階では、どんな風にキッチンエリアを組み立てていくかを考えなければならないが、特定のスタイルにこだわりすぎることがないよう気をつけたい。キッチンエリアを住まい全体になじませるには、ステンレス製の設備とワークトップを使ったインダストリアルなスタイルは避けたほうがいいだろう。スタイルと費用効率、実用性のあいだでバランスを取るのがベストという場合もある。ワンスペースでは全体のバランスが何よりも大切なので、実際には役に立たなかったり複雑すぎる型通りのレイアウトより、空間を上手く活用できる効率的なプランのほうがはるかに好ましい。

　設備類はインテリアの全体的なスタイルとスケールに合ったものを選ぶこと。ロフトでは通常の建具や設備だと場違いに見えてしまう。こういった環境はコンクリートのワークトップやインダストリアルな照明など、思い切った建築的表現や型にはまらない要素を使うチャンスである。コンパクトな空間では、すっきりしたフォルムの高性能な設備を採用して、手持ちのスペースを最大限に活用する。皿洗い機や洗濯機は、標準幅ではなくスリムなタイプを選ぶこと。こういう設備を取り入れるか取り入れないかで、能率的なキッチンになるか、それとも労力ばかり要るキッチンになるかが決まる。

（本ページ）　窓の手前に吊ったオープン棚がポットや鍋の収納場所になっている。コンパクトなガレースタイルのキッチンのフォーカルポイントでもある。

london industrial unit

ロンドンの元工場

CASE STUDY 3 | EX-PRINTWORKS WITH AN INDUSTRIAL AESTHETIC

ケーススタディ3　インダストリアルスタイルの元捺染工場

無骨な作業場を住まいに改装するのは、他のどこにもない個性的な生活空間を作り出す素晴らしいチャンスだ。大スケールの複雑な計画に着手し、この住まいのオーナーのように未経験ながらあらゆるディテールを自らコーディネート＆デザインし、徹底的にモダンなスキームを生み出す——これは豊かな想像力と意志の力の賜である。

（本ページ上段）キッチンに業務用の設備を多数採用。アングルポイズランプはかつて病院で使われていたもの。クッキングエリアを研究室のようなスタイルに見せている。

（本ページ下段）普段使いの小物は、すぐ手の届く所に配置。中古の配膳用ワゴンには、他のキッチン用品と一緒に無地の白色陶磁器を積んでいる。

（右ページ）上階の床の一部を取り除くことで、光が下階まで差し込むようになり、直接下から上がれるようになった。上階のリビングエリアからはキッチンが見下ろせる。

ロンドンのイーストエンドにある極上のアパートメント。ここはかつて捺染工場の一部だった。オーナーが購入した時点では、直接は行き来できない上下階2層の空っぽのスペース。床は粗造りなコンクリート、壁はむき出しのレンガ作り、上階に大きな窓があったが下階の採光は悪く、基本的な電気・ガス・水道設備はなかった。だがそんな無骨な空間も、改装後には料理研究家＆アートディレクターであるオーナーとそのパートナーにとって、ユニークな住居兼ワーキングスペースに生まれ変わった。オーナーが料理のプロであるだけに、キッチンのスタイルとレイアウトがスキームの中でも重要な位置を占める結果となった。

当初は、上階にあるメインのリビングエリアの突き当たりをキッチンにする予定だった。そこは元々あった荷積み場のドアを入ってすぐの場所だったので、買い込んだ食材を外から直接運び込めるメリットがあった。しかしキッチン全体がリビングエリアから見えてしまうためにプランを変更。元のプランならキッチンはリビングエリアのフォーカルポイントになったはずだが、あえて下階の要となる場所に大きくスペースを取ることにした。それから上階の床の一部を取り除く、ガラスの通路を作る、上下階を階段でつなぐという徹底的な改装を施した。その結果キッチンが住まいの新たな中心となり、そこを軸に各エリアが展開するレイアウトが出来上がったのである。

キッチンエリアには、住まい全体を貫くインダストリアルなスタイルが集約されている。スチールとコンクリートを全面的に使い、作り付けになった高価なプロ仕様の調理器具一式の横には中古のリサイクル品を様々に取り混ぜて置いている。調理時以外は色彩に欠けるが、それでも活気があり、見た目にも精彩を放っている。メインのリビングエリアがある上階ギャラリーから見下ろすと、居心地のよさそうな、しかも落ち着いたキッチンに仕上がっている。

下階からの階段を上がりきった所にあるドアは4つある入り口のひとつで、食材を買い込んだ時はここからアパートメントに入ることができる。キッチンエリアの裏には構造的なアルコーブや室（むろ）のような収納スペースがあるので、たっぷりした食品貯蔵庫や食器室として利用できる。こういうちょっとした空間があると部屋全体の心許ないような広さが相殺され、親しみやすさという不可欠な要素が加えられる。

London industrial unit

(上) 壁の下部にある水平の開口部は、ユニークな横長の暖炉。リビングエリアの広さを強調しながら、フォーカルポイントになっている。

(上) 厚い壁にうがたれ、それぞれ違う色の照明を施されたくぼみは、ディスプレイ＆収納スペースの役目を果たしながら、構造的な面白味を添えている。

　スリーピングエリアはガラスの間仕切り壁とスライド式の透明ガラスパネルを境にキッチンと接している。スリーピングエリアの奥、木製パネルの裏にはバスタブとシャワーがある。ここでも対照的なものを巧みに並置することでスキームに活気を生み出している。床暖房や壁一面のモザイクタイルなど、ハイスペックな仕様と廃品を利用したバスタブ用の蛇口やラジエーターが共存し、気負わない都会的な洗練を演出している。

　スチールと合板でできた中桁階段を上り、下から光に照らされたガラス通路を抜けるとメインのリビングエリアに出る。ここでは横長のニュートラルカラーのローソファと暖炉が描く水平の線が、リビングの並はずれた天井高と広さを強調している。荷積み場だったドアの手前に細い金属棒から吊されたトレーシングペーパーは、独特ではあるが住まいにはやや似つかわしくない構造仕様を目隠ししている。このトレーシングペーパーには日光を拡散し、向かいにある開発地区の光景を遮りながら通りから内部を隠す役目もある。

（左）　中古ソファの柔らかな輪郭が新しいコンクリート製の床と壁の味気なさを打ち消し、トラディッショナルなラウンジエリアにアップビートな表情を添えている。

バス＆シャワーエリアのモザイクタイル以外、床にはすべてコンクリート舗装板を採用している。コンクリートは表面の吸収性が高いため、液体による染みや損傷を防ぐ目的で3層にシーラントを塗り重ねて使用している。コンクリートという地味な素材の素っ気なさや冷たさをぬぐい去るのは、ハイスペックな床暖房である——これもまた、ドラマチックでありながら気取りがないこの住まいに見出せる「贅沢と安価な要素の並置」である。

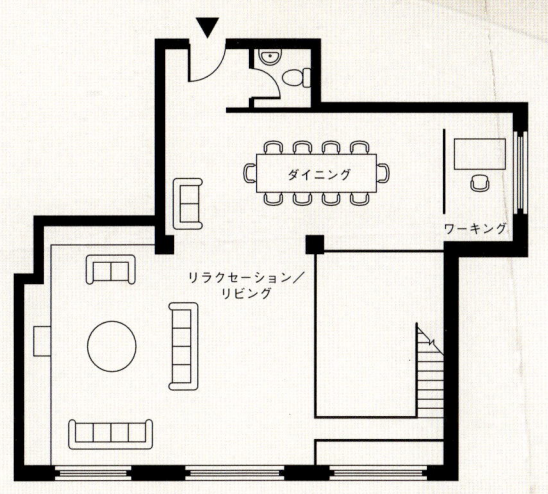

間取り図　2層からなる住まい。地階に光を取り込むために、上階の床の一部を抜いている。上下階を結ぶのは成形コンクリートと合板の踏み板の階段。上のリビングからガラスの通路を抜けて下りるとキッチンエリアに出る。

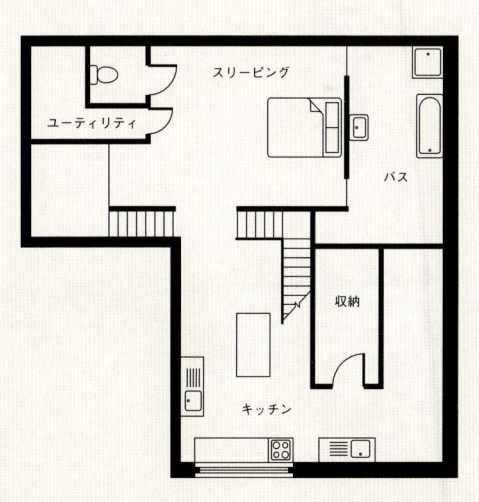

London industrial unit

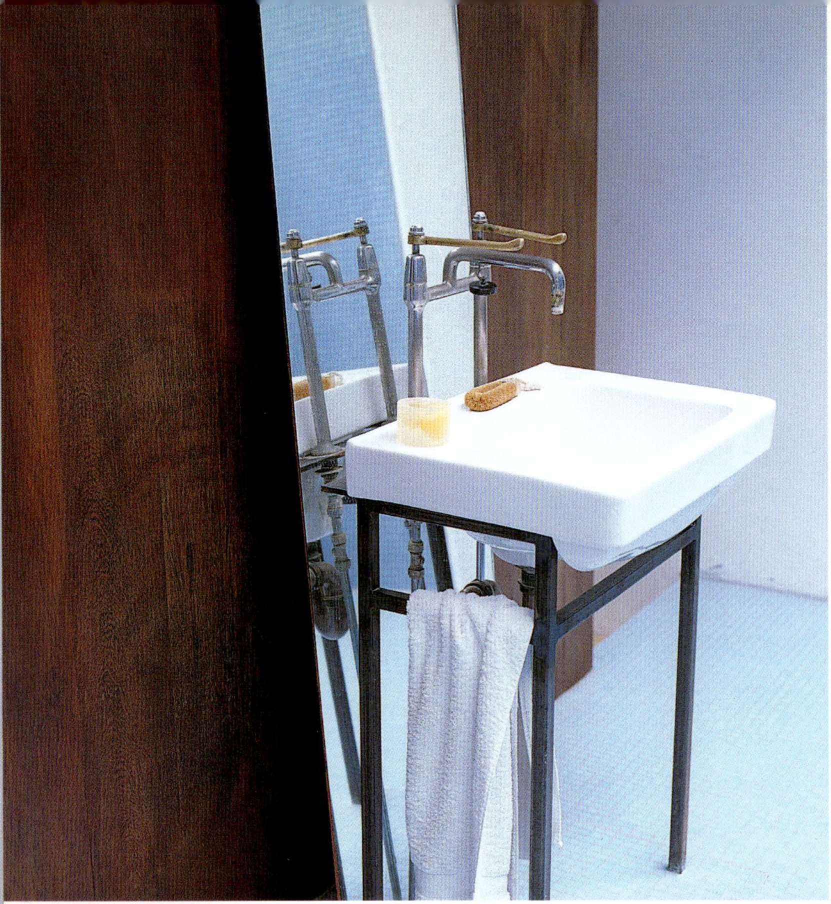
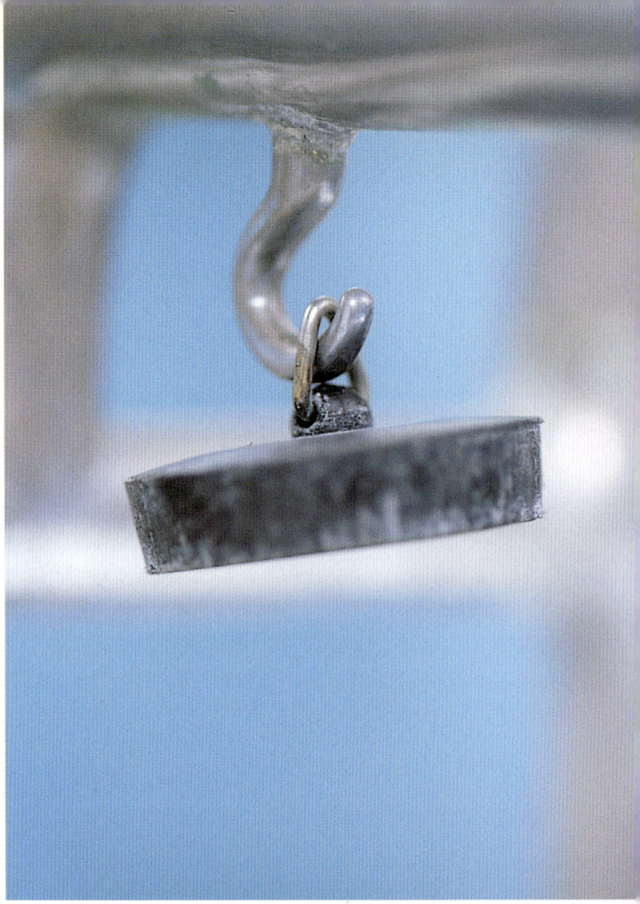
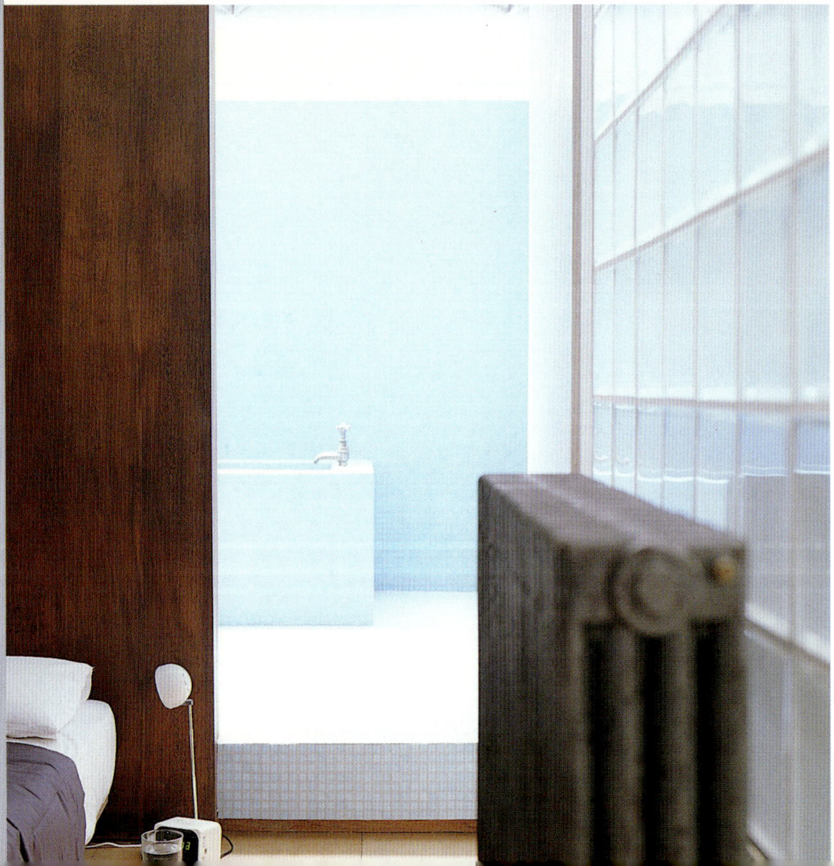
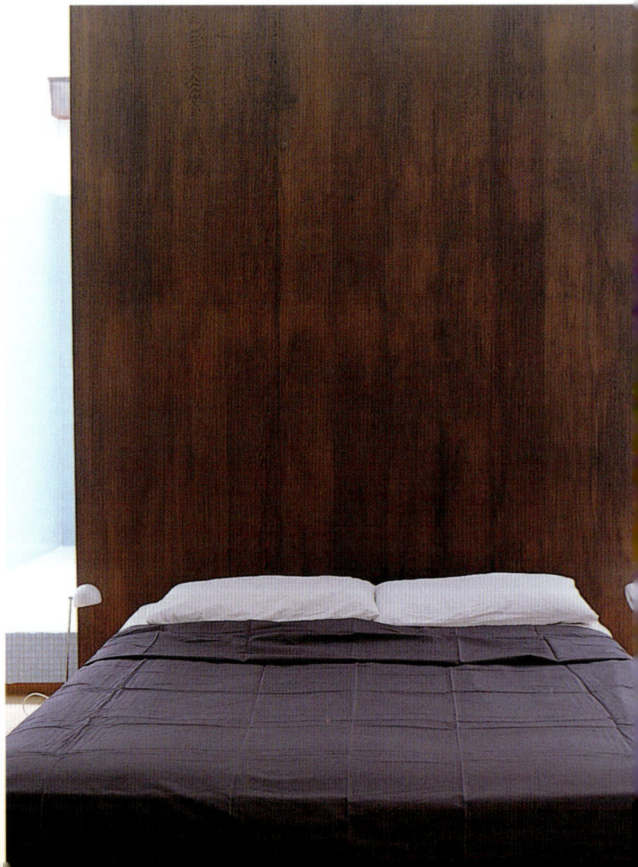

（左ページ左上）　インダストリアルスタイルに似合う大きな姿見。バスエリアとスリーピングエリアを隔てるイロコ材の間仕切りに立てかけている。

（左ページ右上）　病院や研究室用の栓は、通常のバスルーム設備とは一線を画すスケールと実用的なデザイン。工場を改装した住まいの大きさに完璧なまでになじんでいる。

（左ページ左下、右下）　スリーピングエリアとバスエリアを仕切るイロコ材のどっしりしたパネルは、ベッドのヘッドボードの役目も果たしている。イロコ材の濃いブラウンが、奥のバスエリアを覆う淡いブルーのモザイクタイルとドラマチックなコントラストを作り出している。

（右）　バスエリアには、たくさんのリサイクル品が大胆に取り入れられている。それでも十分な明るさと広さ、床下に埋め込んだ熱パイプから広がる温かさからは贅沢感がにじみ出ている。

共用にするか個人ごとに作るか、カラフルにするか落ち着いた色合いにするか、ハイテックなスタイルを選ぶかそれとも実用性を重視するか——バスエリアの計画とはすなわち、スペースを最大活用でき、しかも自分のライフスタイルになじむ答えを見つけることである。

bathing
バスエリア

（左）テクスチャー感のあるガラスのスライドパネルが、メインのスリーピングエリアからカジュアルなバスエリアを仕切っている。

（右）壁のくぼみに収納されたパネルを廊下に引き出すと、パブリックスペースとプライベートスペースを分けられる。

　バスエリアでは当然裸の姿になる。オープンな、または共用のバスエリアを作るとして、いざその場にそんな無防備な状態でいたらどう感じるだろうか——実際のところ、ある程度回りを囲んで他と分けざるを得ないはずだ。バス＆シャワーエリアは家族で共用するにしてもトイレは別に仕切りたい、そんな時は条件を満たすようにバスエリアを設計するか、トイレだけ別の場所に配置する。バスタブの横を通ったりシャワールームを抜けないとトイレに行き着かないレイアウトより、直接トイレに入れるほうが便利だし、スリッパで濡れた床を歩かなくて済む。

（本ページ）　ニューヨークのロフト。色彩・質感・フォルムが相まって、広い共用のバスエリアに活気をもたらしている。

(本ページ)　曲線を描くオブジェのような壁が目隠しする小さなバスエリア。窓際のほうからシャワーエリアへ入ることができる。一方反対側のドアを開けたところには、独立したトイレがある。

特に子供とバスエリアを共用する場合は、使用状況を左右する様々な条件とスケジュールを考慮する必要がある。子供がいる家庭では、同時に、または次々とシャワーを使ったり歯を磨いたりする朝が一触即発のピーク時になる。予備のシャワールームやトイレを作っておけば家庭内ラッシュも防げるし、朝から喧嘩をせずに済む。1人暮らしでも、泊まり客があればシャワーやトイレを譲り合わなければならないこともあるはずだ。バスエリアとスリーピングエリアをひとつにまとめる場合も、トイレは別に設けるほうが便利だろう。ゲストが気兼ねなく使えるし、日常的な動線もプライベートエリアに重ならない。

睡眠と入浴用のエリアはある程度まとめ、他のスペースからの分離感を持たせるようにしたい。できればリラクセーション・クッキング・ダイニング用のエリアを含むオープンでパブリックな表のスペースと、睡眠と入浴のためのプライベートな奥のスペースに部屋を分けるのがいいだろう。レイアウトによってもある程度分離感を出すことができる。その場合、睡眠と入浴用のエリアは中二階か、部屋の奥に配置するのが自然だろう。スライド式または移動式のパネルによっても分離感が出せるし、プライバシーも確保できる。騒音が伝わりにくく、室温を快適な温度に保つ効果もある。

パブリックスペースとプライベートスペースのあいだにしっかりした透けない間仕切りを置くと、効果的に一線を引くことができる。間仕切り用のパネルはスライド式でも固定式でもいいが、素材は木かプラスターボードがいいだろう。こういう間仕切りを取り入れると、より自由で開放的なレイアウトになる。子供がいる世帯なら、共用のリラクセーションエリアとプレイエリアを含む、思い切りカジュアルなプライベートスペースの構成に役立つはず。

バスエリアには、実用性の面から言ってもガラスのスクリーンとスライドドアを取り付けるようにしたい。磨りガラス、または模様付きのガラスなら睡眠と入浴用のエリア間を仕切るのに最適だ。これならプライバシーを守りながらも光を妨げることなくバスエリアを区分することができる。ただし内部が見えると困る場合は、磨りガラスの設置には注意が必要だ。

（上、左）　耐水性の漆喰壁で小さなシャワーエリアを丸く囲み、メインのスリーピングエリアとシャワーエリアを完全に分離させずに隔てている。

（右、右端）　スリーピングエリアとシャワーエリアを隔てる壁には目立たない長窓があり、そこから陽光が奥のシャワーエリアに差し込んでいる。

磨りガラスは濡れると透けてしまうので、露がついたりシャワーのしぶきがかかると向こうから見えてしまう恐れがある。また目隠しする対象がすぐそばにあるのでは、あまり効果がない。しかし磨りガラスによって拡散された光の美しさとすっきりした明るさは格別なので、多少の例外は設けてもいいだろう。

モスリンやボイル地などファブリックでバスタブ回りを囲めば低コストながら雰囲気ある仕切りができ、リラクセーションと元気回復の場であることを印象づけることができる。体を休めるためには、暖かみ・抑えた照明・静寂感が役に立つはず。バスタブは窓方向に設置して、木々や空の心なごむ景色が見えるようにしたい。機能に徹した簡素なスタイルの場合はアロマキャンドルを灯してバランスを取ったり、空間のダイナミクスを変えてみる。照明に調光スイッチを取り付けて明るさを落とし、ペースの変化を表してリラクセーションを促すのも一案だ。

建具や備品を選ぶ時は、バスエリアの作りと大きさ、そして全体的なスタイルを考慮する。たとえば小さなシャワーと洗面台だけを詰め込んだ場所を取らないユニットを選べば、合理的で効率的な印象になるはず。それならば備品にもその印象に合ったハイスペックでコンパクトなものを選ぶこと。こういう環境では、混合栓や作り付けの収納ユニット、固定式シャワーヘッドなど、シンプルで堅実なアイテムが効果的だ。

（左上、中央）　かすかに透けるモスリンのカーテンで、バスエリアとリビングエリアを分割。2つのエリア間には強い連続感と開放感が保たれている。

（上）　バスタブの底に置いた小石と海綿のコレクションが魅力的なディスプレイになっている。軽石は実用的な上に装飾としても役に立つ。

（右ページ）　リサイクルした古いバスタブは、表面がすり減って剥がれ落ちている。こんな気取らないスキームなら、機能的で装飾的なフォーカルポイントになる。

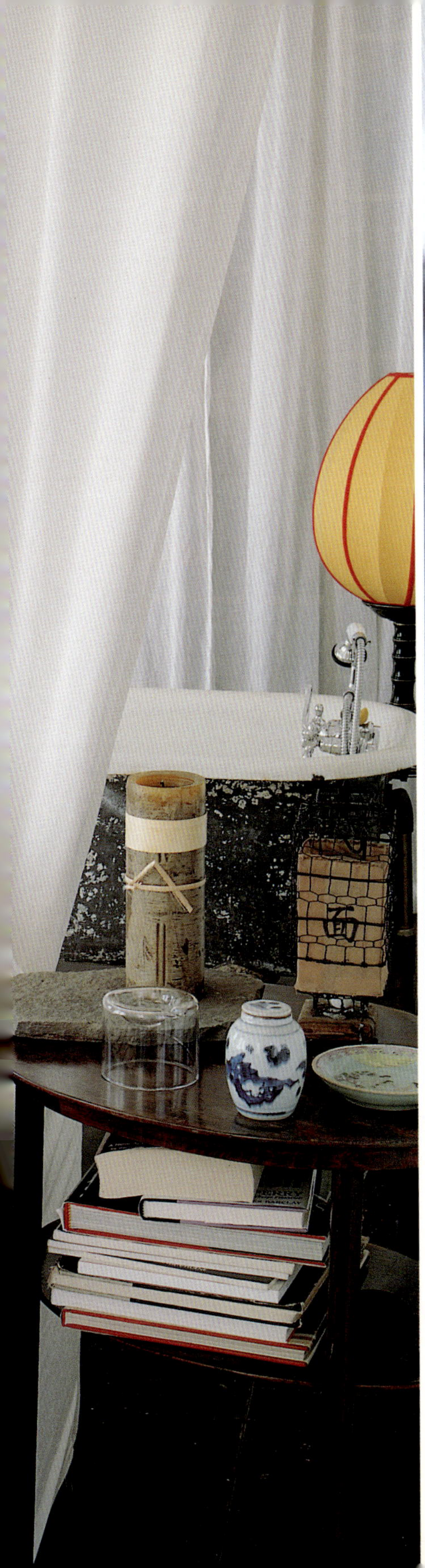
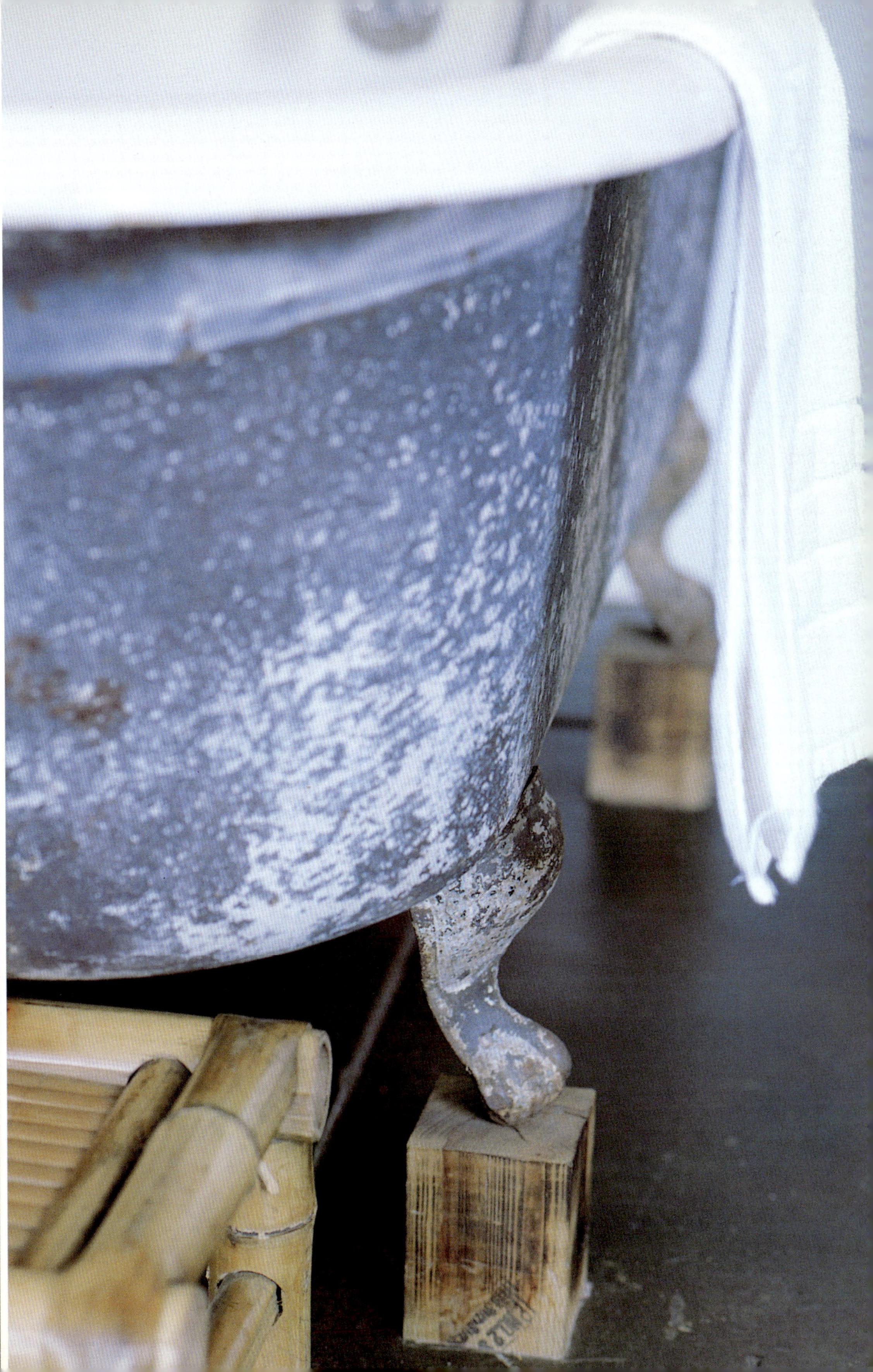

（上）折り畳み式パネルを開け閉めすると、奥にシャワールームをはめ込んだコンパクトなバスエリアが見え隠れする。

（左、左端）コンパクトなシャワールーム。ハイスペックな備品を置くことで最大限にスペースを活用している。縦型のラジエーターにかぶせるように取り付けた水平バーが、実用的なタオル掛けになっている。

（右ページ上）プラットフォームや中二階を作ると天井の高さを最大限に活用できる。ここではバスエリアの上に睡眠用プラットフォームを重ねている。

（右ページ下）この小さなバスエリアは睡眠用プラットフォームの下に配置されているため、直接日光を取り込むことができず、ガラス張りの内窓に採光を頼っている。

逆に工場を改装したような広いスペースで無骨なレンガ細工とむき出しの配管が施されているような住まいなら、そのあくまで実用本位なスタイルにふさわしい大胆で大振りな備品をそろえよう。モザイクタイルを貼ったコンクリート製のバスタブ、排水用に傾斜した床とリサイクルした大きなシャワーヘッドの組み合わせ——これなら部屋全体に残る元の業務用備品ともよくなじむはずだ。

　通常は使わないような備品も、規格品の代わりに気取らない安価なアイテムになる。研究室用の蛇口や洗面台、メディシンキャビネットは清潔で実用的な印象を与えながら長期間確実に役目を果たしてくれる。店舗のディスプレイやホテルの設備（衣類をかけるコンビネーションフック・伸縮パイプ・金属製の棚など）は、備品やタオルの収納スペースとして活躍する。また業務用のキッチンメーカーの製品には、低コストで意外な使い方ができるものが多い。ステンレスのシンクや洗い桶、プロ用のキッチンに使う陶器の手洗い台、金属やプラスチック製の収納容器など、どれも家庭のバスエリアに手軽に応用できるアイテムだ。

　一般的な備品なら、白くてシンプルなフォルムのものを選ぶようにしよう。色彩・質感・コントラストの要素は床材やタイル、ペイントに盛り込むこと。同じものがひとつとしてない日本の檜風呂や木製のたらい、シンプルな竹マットなども生命感ある暖かみや質感を添えるアイテムだ。木と陶器、コンクリートとガラスなど、質感や素材のコントラストは、単調になりがちなエリアに精彩を与える。

　スリーピングエリアとバスエリア間のカーブを描く間仕切り壁、シャワーエリアの丸い囲い、不透明なガラス製のスクリーンなどの構造的な仕様も、オブジェのようなフォルムとその陰影によって味気ない堅苦しさを和らげる。こういったシンプルながらも一工夫あるディテールはバスエリアに個性を与える。特に他のエリアから見えるようになっている場合は、住まい全体の表情が変わるだろう。

睡眠は元気を取り戻すために欠かせない行為である。スリーピングエリアに一番いいスペースを当てる場合も、折り畳み式ベッドを置くだけのつもりでも、心身の健康のために快適で心休まる環境を作るようにしたい。

sleeping
スリーピングエリア

（左）　ニューヨークの広々としたロフト。東洋風のスクリーンとモスリンのカーテンが、メインスペースからスリーピングエリアを分けている。荒削りな工場の基礎構造に質感とコントラストの要素を添える役目もある。

（右）　モスリンの垂れ幕が、シンプルなパイン材のベッドを包容感ある隠れ家的な場所に仕上げている。スリーピングエリアの一番内側の間仕切りでもある。

　スリーピングエリアの位置を決めるのに重要なのが日光の問題。好み次第だが、明るい朝日の気配で目を覚ますのを爽快に感じる人もいれば、不快に思う人もいる。直接陽光が当たるのを好む人はスリーピングエリアを窓に向けて取るか、スカイライトの下に配置する。朝日にそれほどこだわらないなら、日当たりのいい場所は別の用途に割り当てる（キッチンかリラクセーションエリアに当てるのが一般的だ）。

　他と分けて睡眠専用のエリアを設けると外界からの隠れ家的な場所になり、ゆっくり休める環境を確保できる。パートナーや子供、または友人と生活をともにしているなら、1人になる時間はとても貴重だ。ある程度の隔離感があるスリーピングエリアなら、いつでも元気回復や物思いにふけるのに使える申し分ない休息の場になるはずだ。

　ロフト風に高いベッド台を作れば隔離感が増し、ベッドの周囲に薄地のファブリックを天幕のように吊せば騒音を防ぎながらもプライバシーを確保できる。ファブリック製の間仕切りを吊り下げることでも、ベッドと隣のエリアを十分に仕切ることができる。ファブリックの代わりにペーパーバナーを吊してもいいだろう。これは簡単な方法だが、スリーピングエリア内では注意をベッドに向けさせ、オープンプランの他の部分からはスリーピングエリアを目隠しできる。

（左、上）これは屋階のアパートメント。内壁を低くして金属製のプラットフォームを乗せ、スリーピングエリアにした例。プラットフォームを設置する時は、上下のスペース容積を検討する。このサイズが使いやすさや居心地のよさを左右する重要なポイントになる。プラットフォーム上に直立できる高さがあれば理想的だが、プラットフォーム自体の位置があまり低くなるようなら、下を収納スペースに当てること。

　だがスペースが限られていれば、睡眠専用のエリアを分けて取れないこともある。そんな時は、相性のいい用途を組み合わせるのもひとつの方法だ。これには手持ちのスペースを無駄なく使えるというメリットもある。または中二階やプラットフォームを作って、メインスペースから独立したフロアを設けてもいい。

　2層吹き抜けのスペースに中二階を作ると（必ずしも上下階を同じ高さに分けなくてもいい）、ワンフロアまたは部分的にフロアを足すことができる。これは構造に手を入れるので、念入りな計画と設計を必要とする複雑な作業になる。中二階の広さは、スペース全体のサイズと作り次第だ。子供専用の睡眠＆入浴エリアや、独立したワーキングエリアなど、個人的に必要なエリアのためにどうしてもスペースを足したい場合は、中二階を2つ以上設置するという方法もある。この場合、それぞれの高さを変えてみてもいいだろう。また階ごとに上り下りする手段を用意するか、ギャラリーで各階をつなぐと便利になる。ただし中二階の設置が可能でも、全体的な開放感や明るさを損なってしまうようでは逆効果になるので注意したい。

ベッド・読書用ライト・目覚まし時計を置く程度のシンプルな睡眠用プラットフォームを設置するのは、2段ベッドの上だけを作るようなもの。中二階とくらべればサイズも作業の複雑さから言っても大きな差があるが、オープンプランの環境に新たに構造的＆視覚的な次元を加えるメリットがある点では同じである。新たな階層は上からと下からの2方向の視点と下の貴重なスペースを生み出し、何より大切なメインスペースとの連続性を損なうことなく分離感を出すことができる。

　中二階や睡眠用プラットフォームは室内の眺めが特にいい場所か、美しい風景が見える窓のそばに設置したい。ここで忘れてはいけないのが換気の重要性だ。健康で快適な生活を送るためにも、ぜひ頭に入れておきたい。できれば足した階の上にスカイライトをつけて採光と空気の流れをよくするか、既設の窓から直接陽光が差し込む位置に中二階やプラットフォームを設置するようにしよう。やはり陽光に包まれて目を覚ます心地よさは、何ものにも代え難い。

（左ページ下、下）　かつては古めかしいリビングルームだった空間。その堂々たる広さゆえに、こんなスペース節約法が可能になった。キッチンエリアの上にコンパクトな睡眠用プラットフォームを設置し、移動式の梯子で上り下りができるようにしたのだ。プラットフォームからは奥のダイニングエリアとリビングエリアが見下ろせる。

スペースが足りない場合は、ベッドを片づけたり移動したりできるように工夫することで広さと融通性を高めよう。スリーピングエリアとワーキングエリア、またはスリーピングエリアと子供のプレイエリアなど、異なる機能を組み合わせれば、日中も有効利用できるスペースになる。キャスター付きの作業テーブルやおもちゃ収納用の軽いプラスチック製のボックスなど、移動できるアイテムが1部屋2役を容易にする。いちいち部屋の中身をそろえたり片づけたりするのでは面倒な上に、時間も無駄になる。

　縦に跳ね上がって収納ボックスに収まるタイプの折り畳み式ベッドは、スペースを節約するための便利なアイテムだ。狭いスペースではもちろんのこと、予備のベッドとしても重宝し、スリーピングエリアの柔軟な組み立てに役に立つ。折り畳み式ベッドを生かす鍵は、使いやすい軽量のメカニズムにある。面倒なばかりの手動式のデザインには注意が必要だ――時々使う分にはいいのだが、毎日の作業としてはすぐに嫌気が差してしまう。折り畳み式ベッドのデメリットして考えられるのは、ベッドを跳ね上げた際に上掛けや枕を収納する適当な場所が必要になることである。この問題はベッド用の収納ボックスの隣か上にカップボードを作り付けて解決したい。融通性の面から見たもうひとつの選択肢は、キャスター付きのベッドである。これなら時間帯によってどこか決まった場所か、邪魔にならない所に片づけることができる。スペースの広がりは折り畳み式ベッドにかなわないが、あるエリアの焦点を特定の活動から別の活動に移すことは可能だ。

（下）この折り畳み式ベッドは、簡単な手順を踏めば跳ね上がってカップボードに収まる仕組み。壁のくぼみに棚を付けて、クロスやベッドリネンを収納するスペースを増やしている。

（左、上）一見カップボードのようだが、実は広いダブルベッドが隠れている。こんな風にスペース不足を見事に解決してくれるのが折り畳み式ベッドだ。スライド式の使いやすいメカニズムなので、操作にほとんど手間がかからない。使わない時はベッドを隠しておけるメリットもある。2役をこなすスリーピングエリアに折り畳み式ベッドを組み込むことで、貴重なスペースを他の用途のために空けられる。ベッドを片づけて俄然広くなったエリアはワーキングエリアやプレイエリアとして使えるようになる。

new york loft space

ニューヨークのロフトスペース

CASE STUDY 4 | LOW-KEY LOFT SPACE

ケーススタディ4　さりげないロフトスペース

ニューヨークにある白で統一された明るいロフトスペース。テキスタイルデザイナーであるオーナーは、さらりと巧みに職住を合体させている。アームチェアにかけたたっぷりしたカバー、話に花が咲きそうな長いダイニングテーブル、元気な犬とまどろむ猫、新鮮な切り花の束——それらが相まって、穏やかで心地よいリラックス感を醸し出している。だがこの静謐な空間は、実は活気あふれる国際的なテキスタイルビジネスの中心でもある。

ニューヨークのトライベッカ地区にある、元縫製工場を改装した住まい。むき出しのまま表面を走る電線管、メンテナンスが楽なこすり洗いできる床とワークトップを備えたローテクなスタイルで統一されている。南向きの壁一面には窓が4枚並び、そこから入る光のおかげでスペース全体が明るさに満ちている。この開放感と明るさを保ちつつ、職住のために程度の異なる区分を施したこの住まいは、まさにシンプリシティとクリエイティビティの賜である。

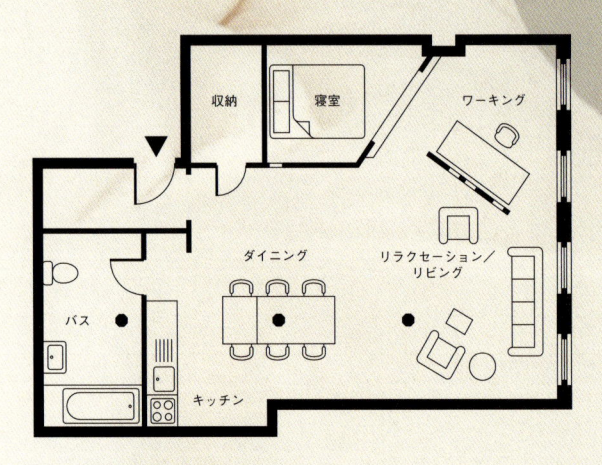

間取り図 共用の階段を上ってドアを開けると、すぐにメインスペースがある。部屋の片側に鋳鉄製の柱が3本並び、奥の南向きの壁には4枚の窓がはめ込まれている。キッチンエリアとバスエリア間の開口部から差し込む光が、ロフトスペース全体を貫いている。

メインスペースには、キッチン・ダイニング・リラクセーションといった日常の活動エリアが自然な順で連続している。これはロフトの片側に1列に並ぶ装飾的な鋳鉄製の支柱と重なるような配置である。反対側には工夫を凝らしたスリーピングエリアとワーキングエリアが並んでいる。

スリーピングエリアはメインスペースから1段上がったところにある、ダブルベッドがちょうど入る大きさの四角形のボックスである。片側は開け放しになっており、ワーキングエリア越しに窓に面しているため十分な陽光が受けられる。開口部に沿って段差を設けたことで、ベッドの足元に三角のフロアスペースが生まれ、ちょうどいい足場になっている。シンプルなボイル地のカーテンを開口部に引けば、薄く透けるスクリーンの後ろにスリーピングエリア全体が隠れてしまう。この床の高低差とボイルのスクリーンが、そこから奥が性格を異にする領域——騒々しい外界からの隠れ家であることを印象づけている。

ワーキングエリアは他とまったく違うダイナミクスを見せている。部屋の一角に斜めに固定された長方形のガラスをはめ込んだ天井まで届くパネルが、部分的に隔離されたエリアを作り出しているのである。

（左ページ差込左）　機能的ながらインダストリアルに傾きすぎないタスク照明とピンボードが、ローテクなワーキングエリアを引き立てている。

（左ページ差込右）　キャスター付きの家具は取り回しが簡単で、フレキシビリティを演出できるアイテムである。

（左ページ下）　斜めに固定した間仕切りの背後に作業デスクを平行配置。これでオフィス備品も上手く隠すことができる。

（本ページ）　ボイル地のカーテンと床の段差が、メインのスペースとスリーピングエリアのあいだに一線を引いている。

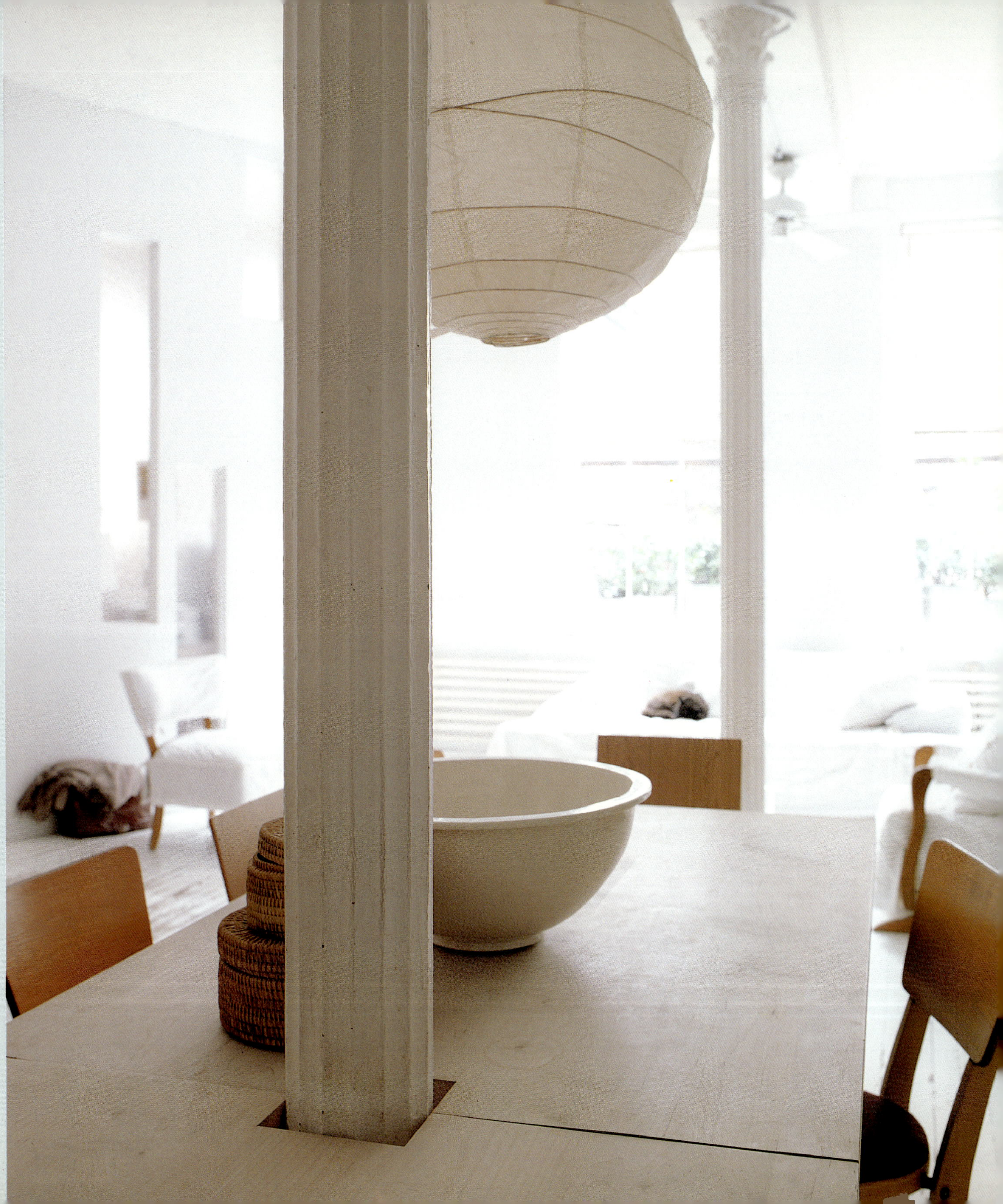

この間仕切りは構造的に実に巧みな方法でどちら側からでも簡単に出入りできるのに、空間の流れを妨げることなく、ある程度の隔離感が出る。コンパクトなワーキングエリアを画しながらも、同時に開放感・明るさ・連続感を醸し出しているのである。

　オフィス用品や仕事に欠かせない紙類をローテクながら効率的に収納しているのがオープン棚と折り畳み式のトレーテーブルだ。キャスター付きのワーキングデスクは間仕切りの真後ろに配置。オーナーのコンピューター機器を乗せたこのデスクは、日々の雑用を処理する場にもなっている。インスピレーションボード・ファブリック・色見本・ビーズ・ポストカード・お気に入りの小物類がワーキングエリアを飾り、色彩とディテールを添えている。ここは反対側のリビングエリアからはほとんど見えない、コンパクトで効率的なワーキングエリアである。

　オーナーは、この理想的とは言えないスペースに多忙な生活の必要条件すべてを盛り込もうと考えていた。部屋の改装は、その強い意志が生み出した最高のアイディアを形にしながら（スリーピングエリア用のプラットフォームや斜めの間仕切りなど）、状況に合わせてDIYで作り上げていく作業だった。キッチン＆ダイニングテーブルもその1例だ。テーブルの中央に穴をあけて2つに分かれるようにしているが、これは中央に立つ鋳鉄製の支柱を取り込むためである。キッチンとリラクセーションエリアのあいだという理想的な位置に長いテーブルを置くのに、他に方法があっただろうか。だが、こういう苦肉の策が室内の融和感を乱すことはない。白い床・天井・壁・ファブリックなど、白で全体を統一するシンプルなスタイルが少々の欠点や無理のあるディテールを包み込み、全体的なスペース感と明るさを醸し出しているのだ。

（左ページ）　白でまとめた、広くて明るいメインのリビングスペース。片側にはキッチン・ダイニング・リラクセーションエリアが連なっている。斜めに設置されたスクリーンの裏はワーキングエリア。スクリーンはメインスペースからワーキングエリアを目隠ししているが、完全に分離させてはいない。

（右）　手の届きやすいオープン棚やベースキャビネット、タイルのはねよけ板など、キッチンの主な作業環境を壁沿いにまとめている。食材の下ごしらえ、食事、作業に使う長いテーブルは、どっさり買い物を詰め込んだショッピングバックの一時的な置き場としても便利。

New York loft space | 99

ワーキングエリア
working

ワーキング専用のエリアを設ける場合でも、多目的スペースに他の用途とともにまとめる場合でも、上手く空間を構成して高い柔軟性を持たせることができれば、効率的で仕事がはかどるエリアになるはずだ。

心身の健康のために、時間と労力をかけても快適で効率のいいワーキングエリアを作るようにしたい。特に同じ空間に職住をまとめる場合は、次のことを必ず頭に入れておこう——あまり狭苦しくない、自然光と新鮮な空気が入る場所を何とかして見つけて、ワーキングエリアに当てること。ごくシンプルに窓際の一画を半透明のスクリーンで仕切るだけでもかまわないし、中二階全体をホームオフィス専用にして広々と使えるようにしてもいい。専用のワーキングエリアを持つメリットは、1日の終わりに何もかも片づける必要がなく、翌日までそのままにしておけることだ。

なるべく生活空間を侵害しないようにと、不便だったり日当たりの悪い場所にエリアを取るのは大きな間違いである。短期的にはいいかもしれないが、長期的に見れば不健康な選択であることにすぐ気付くだろう。

（左ページ）　吊り下げたペーパーバナーと装飾的な折り畳み式スクリーンが、メインのリビングエリアとワーキングエリアを効果的に仕切っている。

（左、左上）　レールにはめ込まれたパースペクスのパネルは棚の戸代わり。スライドさせればファイルの取り出しも簡単。家庭用のスペースに戻す時は、すべて閉め切って中身を隠す。

（上）　装飾的なアイテムは、ワーキングエリアと部屋全体を調和させるのに役に立つ。リラックス感のある環境を演出する効果もある。

Working | 101

自宅で仕事をしているなら、備品や書類、必要なスペースは増えることはあっても減ることはない。したがって現状のワーキングエリアがぴったり収まる場所を見つけても、将来規模を拡大する余裕がなければ実際的とは言えない。すぐにスペースが足りなくなり、他のエリアに侵出するはめになる。将来を見越したプランにするよう心がけよう。

　スペースが足りない場合は、専用のワーキングエリアを別に設けるよりも、仕事と他の機能を兼ねるエリアを作ったほうが融通が利くし、束縛も少ない。2つの機能を持ったエリアでは用途を変更するための手順がある程度必要になるが、これはキャスター付きのワーキングデスクをスペースの中央に押していくような簡単なものでも十分に対処できる。理屈上は、日中使わない場所ならどこでもワーキングエリアになる。たとえば明るくてオープンなリラクセーションエリアを簡単に仕事場にできるようなら、それに越したことはない。総じて効率的なのにファイルだけ別の場所に保管しなければならないなど、用途の切り替えによってちょっとした妥協を求められるケースもあるだろう。しかし、この程度なら不便よりもメリットのほうが大きい。ただし頻繁にファイルを参照する必要があるなら、こういう些細な妥協でも毎日のこととしては無理が出るので注意したい。

　ワーキングエリアへの出入りについても考えよう。ワーキングエリアには一般的な家事動線から外れた場所を当てて、部屋全体からある程度分離させたほうがいい。日中子供が家にいるようなら、子供の好きな場所を取り上げて近づかせないのは考えものだ。

（左端）　大容量のファイルキャビネットの視覚的な圧迫感を抑え、オフィスのような印象をやわらげるには、スライドパネルやペーパースクリーンで目隠しをする。シンプルなロールブラインドを使ってもいい。

（左中央）　2つの機能を併せ持つスペースでは、机の向きをベッドからそらし、窓に面して置くと分離感が出る。

（左）　請求書を整理したり手紙を書く程度なら、静かな一角に机を設けるだけでも十分。

（左ページ上、本ページ）郵便局の区分所を改装した、胸が躍るような住まい。スペースの半分が2層に分かれている。もう半分のスペースはアーティストであるオーナーのスタジオに当てられ、インダストリアルな照明が施されている。

できれば家族が集まるメインスペースから少し離れた所で仕事をする。そのほうが家族との摩擦も少なくて済むだろう。または多少費用がかかっても移動式の家具と収納用品を買い求め、1日単位で作業場所を考えてもいい。

　理想的な作業環境をデザインするには、人間工学的に優れた仕様かどうかがキーポイントになる。心身の健康のためにもこれは重要なポイントだ。1日何時間もタイピングや描画に従事し、同じような一連の動作を絶えず繰り返す作業なら、調節ができてきちんと体を支えてくれる椅子と、適切な机や製図板に投資する。頻繁にファイルキャビネットを使う場合はファイルの出し入れのしやすさも考慮したい。また作業のタイプにもよるが、キッチンテーブルもワーキングエリアとして使うことができる。ただし家事用テーブルの高さだと人間工学にかなったタイピング姿勢を取れないので、長期間キーボードを使うのには向いていない。

　コンピューターで作業をする場合は、直射日光とモニター画面の位置関係を考慮し、画面に直接日光が当たって起こるグレア（バックライト式ディスプレイの場合）や映り込みを防ぐこと。日中は日光の明るさが変わるので、ブラインドで調節できるようにするのがいいだろう。自然光の補助としてもタスク照明は必要不可欠なアイテムだ。どちらかが欠けた環境で長時間作業をするのはお勧めできない。

（左ページ左）　2人の建築家をオーナーに持つ、ニューヨークのコンパクトなアパートメント。オープンプランのリビング＆スリーピングエリアが毎日ワーキングエリアに変身する。

（左ページ右）　この部屋にはあちこちに気の利いたディテールが施されている。たとえば床から天井まで届く木製パネルを脇にスライドさせると、平らに畳まれた製図板が現れる。

（左上）　木製パネルをスライドして重ねると、壁から2枚の製図板を引き出せる。1950年代のバースツールは仕事用の椅子も兼ねている。

（上）　木製フレームにはめ込まれた半透明のパースペクスパネルが、ハイテクなオフィス設備とインダストリアルな収納システムをメインのリビングエリアから隠している。

　住まいにワーキングエリアを設置する場合、通常は相当な費用がかかるものである。専門的な設備を備えるとなるとなおさらだ。それならば多少コストがかさんでも、作業習慣の見直しや環境の変化に適応できるような融通の利く独立式の収納用品を買い求めるようにしたい。もちろん主な設備についても同様だ。これなら引っ越す時も持っていけるだろう。ワンスペースの生活空間にいかにもオフィス的な家具を置くと場違いに見えてしまうので、この手のものを使う場合は何らかの形で目隠しするのがベスト。よくある金属製のファイルキャビネットや作業テーブルなら多少は印象がやわらぐが、新しい製品にあるようなスマートな使いやすさが欠けている。家具のショールームを訪ねて人間工学にかなったユニークなアイテムを探したり、建築雑誌やデザイン雑誌で詳しいメーカー情報を集めてみよう。

　専門的な収納システムが不要な場合は、よくある収納ボックスとファイルを使うといいだろう。ただしカラフルなプラスチック製のボックスだと子供のプレイルームのような印象になってしまうので、金属・木・クラフト紙・透明プラスチックの容器を選ぶようにしたい。作業デスクの下に箱を積む、上げ蓋式の収納スペースがついたベンチを使うといった低い位置での収納は、背の高い棚やウォールユニット、キャビネットにくらべて目立たない。カスタムメイドの収納具ならスペースを最大限に活用でき、個人的な条件に合った環境を作ることができる。

new york recycled ニューヨークサイクルハウス

CASE STUDY 5　LOFT SPACE WITH A CONTAINER TRUCK

ケーススタディ　5　コンテナを使ったロフトスペース

輸送用のコンテナをスペースの間仕切りにリサイクルするなど普通は考えもつかないアイディアだが、その見かけとは裏腹に、効率的で実用的、かつフレキシブルな間仕切りとしてぴたりとおさまっている。マンハッタンの中央部にある元商業用スペースにコンテナの側板を設置したことで、何もなかったスケルトンに力強いインダストリアルなスタイルが確立し、不規則な形をした空間にまとまりが生まれた。このコンテナは、スペースの多機能性を印象づけながら、部屋を区分する役目を果たしている。

写真家と劇場の舞台装置デザイナーである2人のオーナーは、フレキシブルなオープンプランの職住兼用スペースを作るつもりでこの部屋を手に入れた。大抵のオープンプラン環境の例に漏れず、こういうスキームを実行するには、スペースをどう組み立てるか、活動の優先順位を決めてどのように統括するか、間仕切りのための設備はどんなものが適切かなど、複雑な問題がいくつも立ちはだかっていた。このクリエイティブなニューヨーカーカップルの場合は、訪れるクライアントの視線からプライベートなスリーピングエリアをはずすこと、そしてメインスペースに大きな作業テーブルを置くことを条件としてあげていた。

部屋は、ほぼ長方形のスペースの奥に四角いスペースが付属したレイアウトで、住まいの表と奥の活動を自然に分けられる作りだった。そこでシャワー・キッチンシンク・レンジなど、日常生活に必要な設備を1本の軸線上に配置することで空間を2つに分割。建築家はこの1本の軸線を出発点に、コンテナをリサイクルするという強い要望に沿ったアイディアを創案した。それはコンテナで空間を斜めに横切り、パブリックエリアとプライベートエリアのあいだに強引に一線を引くというものだった。

コンテナの側板はいくつものパーツに切断されており、それぞれに引き上げる、向きをかえる、回転するなどの操作を施すと様々な設備や各エリアが現れる仕組みになっている。パーツはどれも粗造りで重そうに見えるが、制御するメカニズムが精密で使いやすいため、引き上げたり開けたりが簡単にできる。操作が容易なおかげで、一層フレキシブルにスペースのアレンジがしやすくなっている。

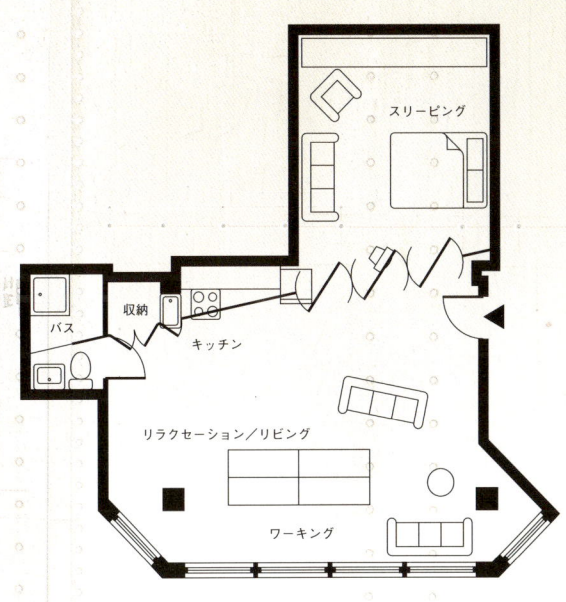

間取り図 この部屋は不規則な長方形。リラクセーション＆ワーキングエリア横の壁には窓が並んでいる。奥と脇に突き出したスペースはスリーピングエリアとバスエリア。アルミニウム製コンテナの側板が、玄関横からバスエリアに至る斜めの軸線に沿ってスペースを分割している。

（左） コンテナの側板を使った間仕切りにテレビとビデオデッキを収容。ロフト内の日常的な生活にコンテナが深く関わっていることがうかがえる。

（中央） キッチンエリアでは、側板の各パーツを引き上げると調理器具やクッキングエリアが現れる。

New York recycled

木の枠材が広告掲示板のように側板の補強となり、側板の上下を走るアルミの横材を支えている。キッチンでは引き上げ式のパーツでクッキングエリアを隠し、シンク上をカップボードのドアにしている。こういったパーツを操作することで様々な組み合わせを生み出し、程度の異なる開放感が得られる。すべて閉めてしまうとアルミ板から設備がいくつか突き出してしまうが、頻繁に使うおかげで大抵はどこか一部が開いており、背景となる鮮やかな色が目に入るようになっている。

　リビングとスリーピングエリアを分ける3枚のパーツは回転ドアのように1枚ずつ回るので、出入りがしやすく、様々な形の開放感を演出できる。さらに中央のパーツを動かすことで、ビルトインされたビデオデッキとテレビの角度が変えられる。閉じるとテレビはメインのリビングエリア側を向くが、開け放しておけばベッドからも視聴できる。

住まいの表エリアはフレキシブルなリビング兼ワーキングエリアだが、あくまで重点は仕事のほうに置かれている。フォーカルポイントは仕事関係の備品をすべて収納したキャスター付きの大きなワークステーション。動かすことも可能だが、実際はここをベースに作業が行われている。

（左ページ）　斜めの軸線に沿って渡したコンテナの側板が、表のワーキング＆リラクセーションエリアと、奥の睡眠＆入浴エリアに部屋を仕切っている。キッチンエリアと設備は軸線上に配置されている。

（左上）　古い業務用のファイルキャビネットとロッカーをリサイクルして、壁一面を総合収納スペースにしている。

（右上）　テレビを組み込んだパネルをあければ、ベッドからでも視聴可能。

ワンスペースに欠かせないもの
one space essentials

| dividing | lighting | storing |

間仕切り
照明
収納

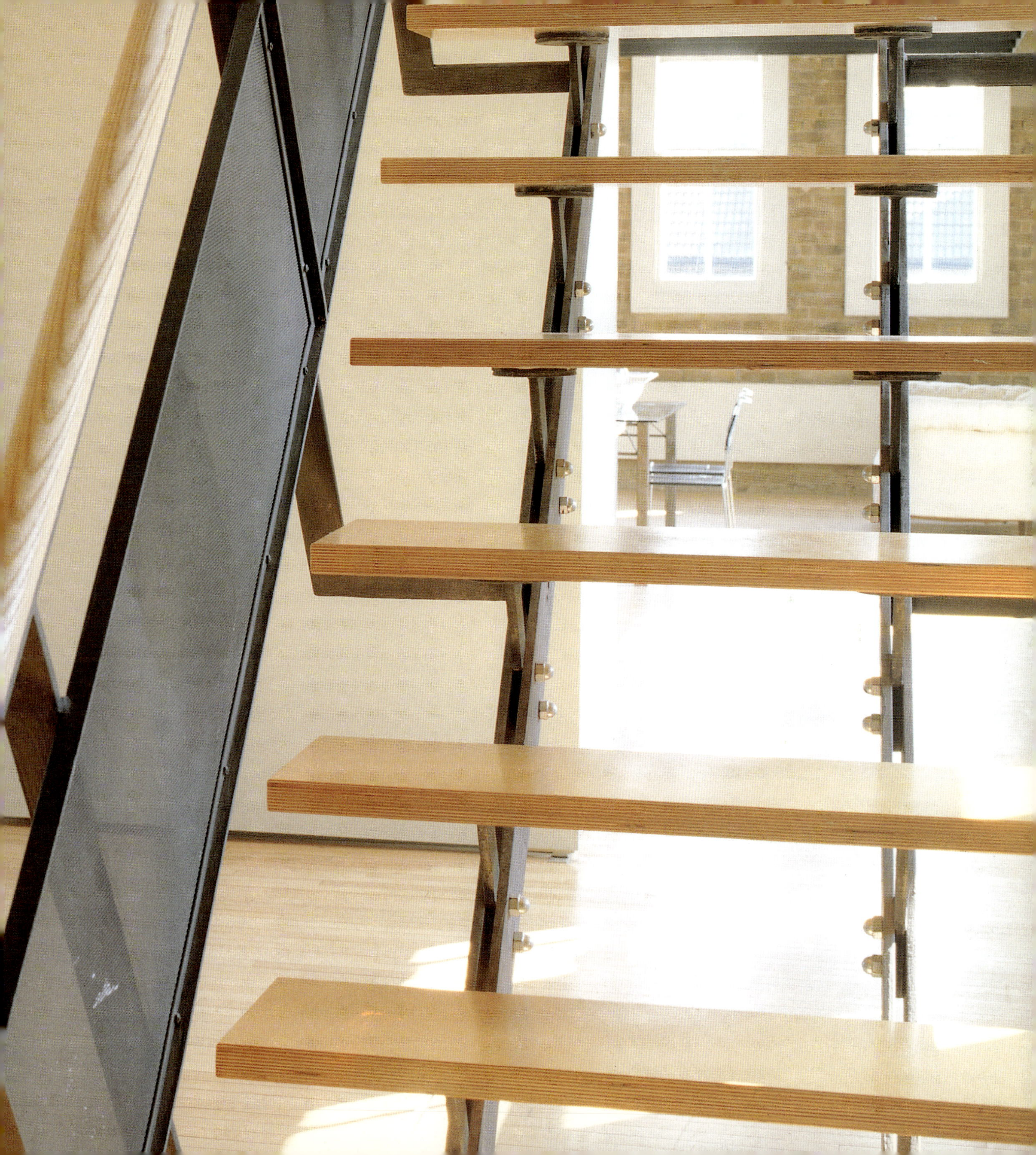

dividing
間仕切り

ワンスペースに暮らす場合、どうすれば効果的にスペースを区切れるかが大きな問題になる。間仕切りを使えば、まとまりあるスペース感はそのままに、配光を損なうことなくエリアを区分できる。

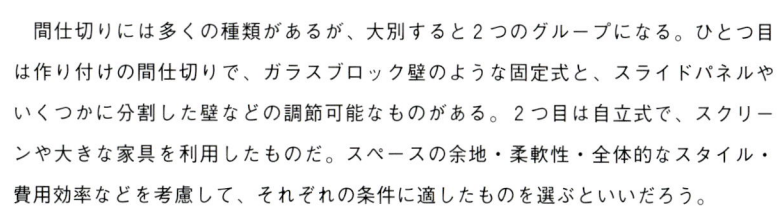

間仕切りには多くの種類があるが、大別すると2つのグループになる。ひとつ目は作り付けの間仕切りで、ガラスブロック壁のような固定式と、スライドパネルやいくつかに分割した壁などの調節可能なものがある。2つ目は自立式で、スクリーンや大きな家具を利用したものだ。スペースの余地・柔軟性・全体的なスタイル・費用効率などを考慮して、それぞれの条件に適したものを選ぶといいだろう。

　条件を検討する際は、空間をどう使うかを考えよう。リラクセーションエリア内を仕切ってワーキングエリアを確保したり、日常的にスペースを分ける必要があるか、それとも時々分ける程度だろうか。スリーピングエリアとバスエリアのあいだは簡易な仕切りで構わないか、もっとしっかりした隔壁を据えたいだろうか。子供用のスリーピングエリアなど、完全に他と分離させたいエリアがあるだろうか。間仕切りには空間のダイナミクス、つまりムードを変える効果もあるので、いつものスペースをしっとりした雰囲気に変えたり、季節の移り変わりや用途の変化に合わせて空間をレイアウトすることもできる。

　内装構造の一部として間仕切りを固定式にすると、スペースの柔軟性を損なう場合もある。特にコンパクトなスペースではこの傾向が強い。ただし、固定式の間仕切りにもメリットはある。パブリックスペースとプライベートスペースのあいだに低い間仕切り壁を設ければ、キッチンやバスエリアの電気・ガス・水道設備を組み込める上に、両面にたっぷりした収納スペースができる。

（左ページ）　曲線を描くパースペクス製のパネルをシンプルな木枠で支え、リビングとスリーピングエリアを仕切りながら、収納スペースを生み出している。

（左上、中央）　安価なカーテンレールに下げたビニールシートが、メインのリビングからスリーピングエリアを分けている。

（右上）　オープンプランのリビング＆バスエリア。シンプルなモスリンのカーテンが壁一面の収納スペースを隠し、異なるエリア間をある程度仕切っている。

Dividing | 115

（下）フロアカバー材を変えるだけでも間仕切りになる。このロフトでは、木材からカーペットへの変化がゾーニングの役目を果たしている。

　開放感とスペース感をそのまま保つためには、固定式の間仕切りの左右両側に開口部を設けるか、間仕切り上部と天井との間に隙間をあける。断熱・遮音・プライバシー確保のために天井まで届く仕切りがどうしても必要な場合は、不透明ガラスやガラスブロックにするか、内窓を開けると配光もよくなるし、スペースの連続性も演出できる。

　間仕切りを固定しながら、できる限りの柔軟性を求めるなら、移動式・スライド式・回転式・軸吊り式・折り畳み式のパネルを選ぶこと。これなら融通性やプライバシー対策を妥協することなくスペースを区分でき、最大限に連続した空間を取り戻すこともできる。パネルの収納場所や操作のしやすさも考慮すべきポイントである。スライドパネルは引き出されていなければ、壁の一部をおおっているか、重なり合っているか、戸袋などに収納されている。軸吊りまたは折り畳み式パネルは、壁のくぼみに平たく収めておくのが一般的だ。大きなシャッターを想像すればいいだろう。

　スライド式と折り畳み式パネルについては、床と天井にガイドとなる金属製のレールを埋め込む必要がある。天井のレールからパネルを吊るなら床のレールはなくても構わないが、あったほうが安定性は増す。戸袋にしまうパネルには、格納するための引き手をつけておけば便利である。

　自立式のスクリーンも機能的には作り付けのパネルに似ているが、思い立ったらすぐ、自由にスペースを組み立て直せる気安さがある。屏風・折り畳み式またはキャスター付きの木製スクリーン・メタルフレームに布を張ったホスピタル用のスクリーンなど、各々分割レベルが異なり、それぞれに合ったインテリアスタイルがある。

（左ページ左）　数段階に分けて遮蔽と仕切りを演出できるキッチンエリア。ワークトップ上には引き下げ式のパネルがあり、そこをスライドパネルとロールブラインドが目隠ししている。

（左ページ中央、右）　埋め込まれたレール上を動く、引き手付きの格納式パネル。頻繁な操作が可能なので、空間を効率よく再構成できる。

（左）　ニューヨークのロフト。可動式の間仕切りをさっと引くだけで、オープンプランのギャラリーから睡眠用のコンパートメントとバスエリアに一変する。日常的な操作にも対応できる。

（上）　自在戸の不透明なガラスパネルが、陽光を透過させながらバスエリアを目隠ししている。

Dividing | 117

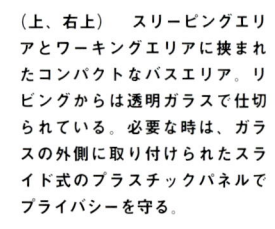

（上、右上）スリーピングエリアとワーキングエリアに挟まれたコンパクトなバスエリア。リビングからは透明ガラスで仕切られている。必要な時は、ガラスの外側に取り付けられたスライド式のプラスチックパネルでプライバシーを守る。

（右上、右ページ）プラスチック製の波板のガイドになるのは精巧なレールシステム。スライドして重なり合うパネルで、プライベートスペースとパブリックスペースを分離させる。これなら暗くなりがちな半地下のスペースでも光を遮ることはない。

　MDFパネル（中質繊維板）と蝶番で自作しても、とりあえずというのならキャスター付きのパイプハンガーにファブリックをかけるだけでも間仕切りになる。大きな絵、パースペクス製パネル、ファブリックやペーパーバナー、天井のレールやフックからのれん状に下げたビーズや金属チェーン——どれも効果的に空間を区切り、特徴のないインテリアに精彩を補ってくれるアイテムだ。

　装飾や家具によっても境界を示すことができる。たとえばコンクリート製の舗装板から木製の床板に、またはゴム製タイルからウール製カーペットかラグに変わるだけで、頻繁に使うパブリックスペースとリラックス感あるプライベートスペースを分けることができる。家具（特にソファやテーブルなどメインになるもの）なら用途が近いもの同士をまとめると、輪郭が自ずと定まってくる。本棚やキャビネットなど、大きな家具を間仕切りにしてもいいだろう。色彩も同様に、スペースの統一や分割を表すことができる。同じ色、またはコーディネートする色同士で壁を塗ったり、ラグ（単色のもの）を選んだり、椅子をそろえたりすれば、その色でまとめたグループに注意を惹きつけたり、オープンプランスキームを視覚的に分割することが可能だ。

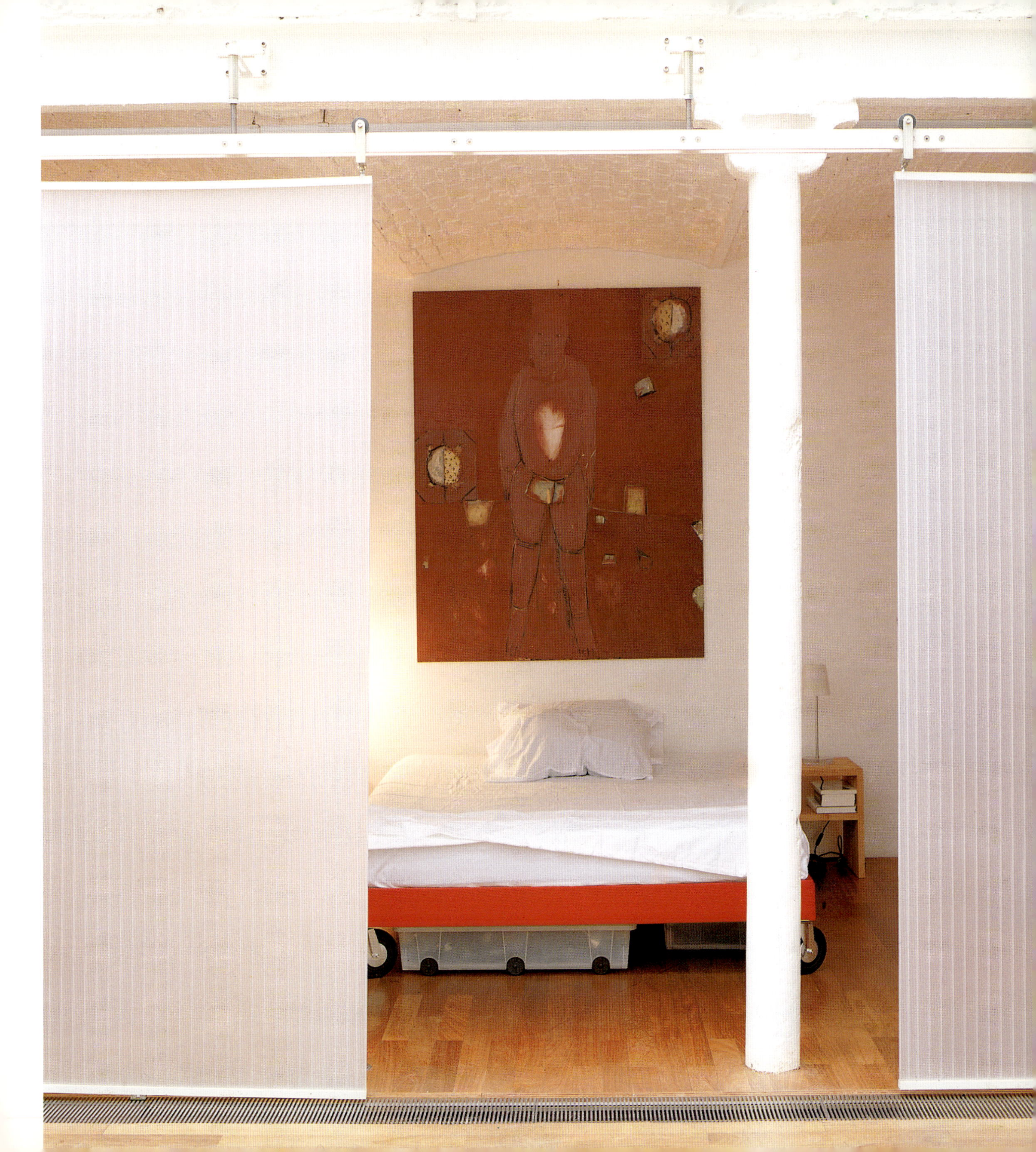

照明はワンスペースのインテリアに欠かせない要素である。
設置に一工夫してスペース感と統一感を最大限に演出し、
様々なエリアに焦点を作って、スペース全体を区分しよう。

lighting
照明

（左、下）　アーティストのスタジオを改装した住まい。窓際の日当たりのいいスポットが、居心地のいいダイニング＆リラクセーションの場になっている。差し込む光をベネチアンブラインドでコントロールし、暗くしたい時は完全に遮光させている。

（上）　スライド式のメタルフレームに張った薄地のスクリーンとロールブラインドが、広い窓から差し込む明るい光をやわらげている。

（左ページ）　メタルフレームの大きな窓がある元工場。メタルのバーから下げたトレーシングペーパーのバナーが光を拡散させる。都心の風景を遮り、プライバシー感を添える役目も果たしている。

　ワンスペースの構成を考えるなら、日光が各エリアに及ぼす影響を見極めることから始めよう。一番日当たりがいい場所はリラクセーション・キッチン・ダイニングなど、人が集まる中心的なエリアに当てるのが自然だ。陽光が降り注ぐ場所は、どんな所でも居心地のいい空間になる。

　部屋の改装がコスト的にも可能な場合は、新しい窓やスカイライトをつけるか、既存の窓を広げて採光をよくしよう。内壁を取り除く、面積を減らす、内窓をつける、2層以上にまたがるスペースなら床の一部を取り除いて吹き抜けの開口部を作る──どれも配光性をぐっとよくするアイディアなので、暗かったエリアも見違えるようになるはずだ。壁・天井・床を白くしたり、壁や床をガラス製にすると明るさが増して配光が改善される。特に中二階やギャラリーにこの方法を使うと効果的だ。ガラスや金属、パースペクスなどの光沢面も光を反射して空間に精彩を与えてくれる。

　差し込む光をやわらげるのは比較的簡単だ。ロールブラインド・ベネチアンブラインド・カーテンなどのウィンドウトリートメントは、費用をかけずに必要に応じてプライバシーを確保できるアイテムだ。外からの光を拡散させたり、魅力的とはいいがたい風景を遮りたい場合は、ペーパーかファブリックのバナー、またはロールブラインドを窓際に下げる。きちんと光を遮る必要があればシャッターか完全遮光ブラインドを選ぶこと。

自然光を補い、空間に柔軟性を持たせて変化をつけるという意味でも、人工照明を取り入れる必要がある。人工照明は4つのグループ、アンビエント・タスク・アクセント・情報照明に分けることができる。アンビエント照明は広範囲に光を投げかける全体の背景となる照明で、タスク照明は特定の作業をしやすくするために、ある範囲を照らすもの。さらに建築的な特徴や装飾物を強調させるのがアクセント照明で、情報照明は床の段差部分などを照らして安全に移動できるようにするための照明だ。この4つを組み合わせることで、快適でフレキシブル、しかも使いやすい環境になるはずだ。

　光源と照明器具が違えば光の効果も大きく変わる。ハロゲン電球の光は涼しげでモダン、タングステン電球は暖かみがあって柔らかな雰囲気だ。蛍光灯の光源色にはハロゲンとタングステンの両方に似たものがあり、環境にやさしいというメリットもある。備品については実に豊富な種類があるので、どれを選ぶかは好みによるが、きちんと目的にかなったものを使うことが大切だ。

　天井中央につけるシーリングライトは「明かりだまり」を作り、リラクセーションエリアなどメインになるスペースを表すのに使うことができる。これにフロアライトやテーブルライトなど、他の照明器具を添えるとスキームが活気づく。スポットライトは集中的に光を投げかける照明で、用途や活動によって光の向きの調整ができる。トラックライトやワイヤシステムは張ったケーブルに小さなスポットライトをつけたもので、それぞれ角度を変えたり回転させたり、位置を調節したりできる。

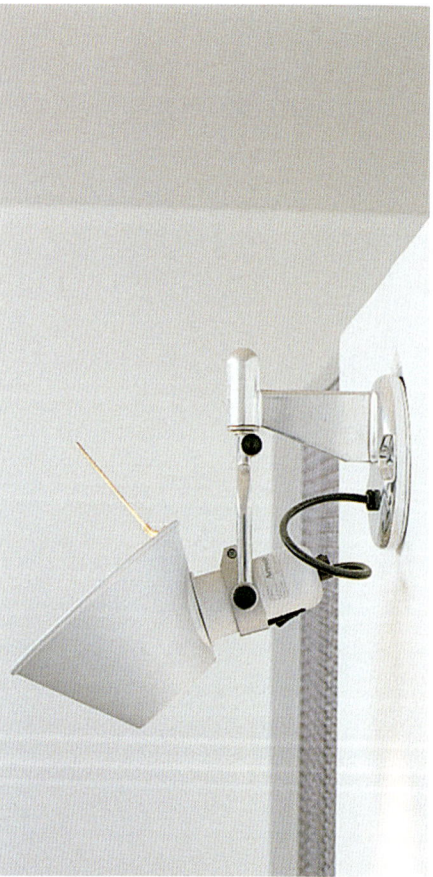

（左ページ左） 工場を改装したパリの住まい。中央に下げた装飾的な照明が、シンプルなダイニングエリアを引き立てる。

（左ページ中央） モダンなオープンプランのアパートメントに、オーソドックスかつ現代的なウォールライトを添えて、既存の照明スキームをランクアップ。このアルミ製の照明はスポットライトとしてもアップライトとしても使うことができる。

（左ページ右） トラックライトやワイヤシステムはモダンでミニマムな印象。固定式のスポットライトの代わりに使えば柔軟性も増す。

（下） 首を曲げられるクロム製のウォールライトをアップライトとして使っている。白い天井に反射した光が反射して読書エリアを照らす。

（右） 病院で使われていたライトをキッチンエリアで再利用。広々とした空間のスケールと、オーナーの質実剛健な調理器具によく似合っている。

（本ページ）　スライド式のプラスチックパネルの裏に隠された蛍光管とオブジェのようなフロアライトのコンビ。余計なものをそぎ落としたインテリアに精彩と色彩を添えている。

（右端）装飾的な照明はもちろん光源としても使えるが、インテリアに趣と雰囲気を添える役目もある。

（本ページ）照明とペイントの色合いを合わせる──そんなちょっとしたディテールが、壁のニッチを控えめなリラクセーションエリアのフォーカルポイントにしている。

　アップライトとダウンライトはある方向に光を投げかけて反射させる照明だ。アップライトは壁や天井に光を反射させて周囲全体に拡散光を投げかけるが、ダウンライトはスポットライトに似ていて、下に「明かりだまり」を作る。アップライトは数多くの種類とスタイルのものが販売されているが、ダウンライトは目立たないように作られているのが普通で、天井に埋め込むタイプが多い。

　色々なタイプの照明を組み合わせれば、空間を統合・分割する効果は構造的な間仕切りに引けを取らない。その場の印象を変える効果もあるし、スペース全体を照らすこともできれば、特定のエリアや作業に焦点を合わせることもできる。多機能なリラクセーションエリアなどでは、アンビエント照明に調光スイッチをつけ、アクセント照明や装飾的な照明を添えてコントラストを演出するようにしよう（アクセント照明などは慎重に選ぶこと）。読書など特別な作業のために取り分けたエリアを示すにはタスク照明を使う。特にキッチンやワーキングエリアでは、十分なタスク照明が必要になるので注意したい。

　新たに照明システムを設置するとなると大変な労力を要するので、配線や器具・コンセント・スイッチの取り付けは他の工事と合わせて行うべき。用途やエリアごとにいくつのコンセントや照明器具が必要になるか、前もって計算しておこう。床面積が広いスペースでは、床にコンセントを作ればフレキシブルに使えるようになる。有資格の電気技術者に依頼してアドバイスを受け、電気設備を検討してもらえば、現在の電気設備を新しくしたり拡張したりする必要があるかどうかわかるはずだ。

快適で柔軟なワンスペース・リビングを実現する決め手は、効率のいい収納スペースをたっぷり用意すること。これが欠けていると日用品があふれて、大切な秩序やスペース感、開放感が損なわれてしまうので注意しよう。

storing
収納

（左ページ）　ワンスペースの中央にある四角くて大きなコンパートメントには、入浴＆睡眠用のエリアに加え、十分な収納スペースが組み込まれている。

（右）　コンパクトなスリーピングエリアでは、ベッド下に大容量の引き出しを作り付けると、かさばる衣類や予備のベッドリネンをたっぷりと収納できる。

　ワンスペースの環境を上手く構成する秘訣は、収納設備を十分用意すること。収納法をきちんと計画できれば、衣類やキッチン用品をどこに収納し、テレビ・洗濯機・コンピューターなどかさばる設備をどこに収めるかなど、基本的な問題が解決する。多機能な環境では、すぐれた収納こそが空間の柔軟性とすっきりした表情を保ち、自由に選択できる余地を残す鍵になるのだ。

　快適性や使いやすさを犠牲にしてぎりぎりまでスペースを残すよりも、収納にスペースを割いて、生活空間へのプレッシャーを軽くするほうが結局は実際的で建設的である。日本では住まいのスペースのやりくりに苦労しながらも、世帯面積の約3分の1を収納に当てている。生活空間に対して不相応な割合を占めているように思えるが、十分な収納スペースを取ることでワンスペースの住まいはより柔軟になり、リラクセーション・ワーキング・睡眠など、異なる用途同士の切り替えも簡単かつ能率的になるのである。

　ワンスペースの収納に求める条件は現実的に見極めることが大切だ。スペース感と秩序を作り出すことが、ひとつひとつのものに収納場所をあてがうことだとは限らない。むしろ基本的で機能的なものと暮らすことだと考えるべきだろう。持ちものを整理し、キッチンウェア・娯楽器具・衣類・その他の重要なアイテムは、これぞというものだけを残して、改めて収納法を計画・設計するようにしよう。

（上）　壁際に置いた背の低い収納ユニット。オープンなキューブ型スペース・棚・引き出しなどが組み込まれている。このタイプのユニットは目立たず整然とした印象を与える。しかもリビングエリアに欠かせない備品をたっぷりと収容できる。

（左）　飾り気のないインダストリアルな棚にクラフト紙のボックスを並べて収納。数多い日用品や衣服もすっきりと一様に収納できる。

Storing | 127

収納法にはいくつかの種類があるが、基本的なものとしては構造的システム（棚やカップボードを作り付けにした間仕切り壁など）、後付固定システム（壁付けの棚やユニット家具など）、置き家具による収納があげられる。いずれも見せる収納と隠す収納を両立できる収納法である。

作り付けの収納システムのメリットは、スペースを隅々まで思い通りに有効活用できることである。現代の建築家は構造的な特徴に収納スペースを組み込むことが多い。周囲の壁や隔壁に邪魔にならないようなカップボードを潜ませて、日常生活に欠かせないアイテムをしまえるようにするのである。作り付けの収納を選べば、普通なら無用な空間になってしまう半端な構造的ディテールを活用できるようになる──傾斜屋根の下にカスタムメイドの洋服かけや引き出しユニットを取り付ける、階段の下に引き出しをはめ込むなど。これは既製品の収納具では真似できない収納法である。壁付けのユニット家具などの固定式の収納は、隠す収納とディスプレイ用の見せる収納の両方の用途に幅広く利用できる。置き家具や移動式の収納家具は必要に応じて移動ができるため、自由度が高い。

エリアや活動が異なれば、収納に求められる条件も違う。キッチンエリアで何より大切なのは、主なアイテムが出し入れしやすいことだ。よく使うキッチンツールは作業エリアから手が届く距離に置く。できれば鍋類はオーブンやレンジの近くに、新鮮な野菜は下ごしらえをするエリアの近くに収納したい。キッチンウェアは皿洗い機のすぐ隣に収納場所を作ればしまう時も簡単だ。

（左上）　ワンスペースのアパートメントの端から端、リラクセーションエリアからキッチンエリアにまで伸びたくさび形の収納エリアは、スライドパネルで目隠しできる。

（右上）　レンジとオーブン上のステンレス製パイプから下がったキッチンツール。これならすぐに手が届く。

（左下）　窓の前に設置されたオープン棚が、細長いキッチンエリアのフォーカルポイントになっている。採光を妨げることなく、収納スペースの役目を果たしている。

（右下）　隙間にぴったり収まる収納ユニット。キッチンエリアに色彩を添え、無駄になるはずのスペースを有効活用。

（左）　クッキングエリアに設置されたメタルのキッチンペーパーホルダー。コンパクトな空間では、こんな巧妙なディテールがスペースの有効活用に役に立つ。使う時以外、このエリアは引き下げ式のステンレス製シャッターで隠しておける。

（左下）　都市部にある住まいのこぢんまりとしたキッチン。壁掛け式の皿立ては省スペースな収納法。壁面を活用し、たっぷりとしたオープン棚とベースキャビネットの容量をさらに補っている。

（下）　ニューヨークにあるインダストリアルスタイルのキッチンエリア。研究室風のユニット・ステンレスのはねよけ板・ガラスの棚で、パーフェクトなまでに能率的なスペースにしている。

キッチンエリアの収納を計画する際に注意したいのは、他のエリアからはともかく、メインリビングからキッチンが見えやすいことである。引き上げ式やスライド式のパネルなど、フレキシブルな間仕切りや引き下ろし式のロールブラインドをつけて、散らかっている時は目隠しできるようにしておきたい。エリア内には、それぞれの条件と全体的なスタイルに応じて、置き家具とオープン棚、またはウォールユニットとベースキャビネットを組み合わせる。背の低いキャスター付きのユニットなら、どんなキッチンでもスペースを有効利用できて、使わない時はワークトップ下か邪魔にならない所に片づけておける。

　リラクセーションエリアでは、会話を楽しむ・テレビを見る・音楽を聴く・読書をするなど、様々な過ごし方に合った柔軟な収納システムが必要になる。家族単位で暮らしていたり、同居者がいる場合はなおさらだ。持ちものすべてが見えてしまうようでは雑然とするし、かといって何もかもを隠してしまっては単調で面白くない。そこで、それぞれの活動を象徴するアイテムを少しだけ見せるようにする（ただしCDや本などの大量のコレクションは隠すほうがいい）。スライドパネル・ロールブラインド・移動式スクリーンなどを使えば、電気設備や壁一面の本類を隠しながらも、頻繁に使うアイテムは出し入れがしやすいので便利である。リラクセーションエリアに適した収納具には、ウォールユニット・背の低い棚やキャビネット・カップボード・キューブ型のユニット家具などがある。移動できるコンピューターデスクを使ったり、ビデオやゲーム機などの娯楽機器をワゴンに乗せるのもフレキシブルな方法だ。これなら部屋の中央に持ってきて、用が済んだら別の場所に片づけることができる。

家庭用に作られた収納具の他に業務用品にも便利なアイテムが数多くある。調理器具や、店舗・オフィス・医療用の収納システムなどがその例だ。こういった製品はスケールが大きく実用的なデザインなので、かつて工場だったような住まいによく似合う。また実際的な面で言えば、商工業向けの規格に合わせて作られた品は、用途を同じくする家庭用品よりも収納力が高い。ただしファイルキャビネットや航空機用のロッカーなどは相当なスペースを取るので、コンパクトなスキームで使用するのは避けること。

（左ページ左）　引き出し付きのワゴンをCD・ビデオ・電話・電話帳の移動式の収納セットとして利用している。

（左ページ中央）　中古の配膳器具が収納具として活躍。このキッチンエリアのスケールとインダストリアルなスタイルによく似合っている。

（左ページ右）　使う時以外は平らにできる、用途の広い折り畳み式のワゴン。キッチンエリアではワンタッチで予備用ワークトップに変身。

（左上）　カスタムメイドの独創的な収納システム。階段蹴込み部分の無駄なスペースをチェスト代わりに有効活用している。

（上中央）　ロープと滑車で吊した金属製バケツの中に日用品を収納している。引き上げると視界の外に消えてしまう。

（右上）　折り畳み式のアイロン台と引き出し式の洋服用パイプなど、巧妙な設計がミニクローゼットの可能性を最大限に引き出している。

Storing | 131

a practical approach

ユーティリティ設備について

| heating | insulation | ventilation | noise | assessing change |

暖房
断熱
換気
騒音対策
改装の検討基準

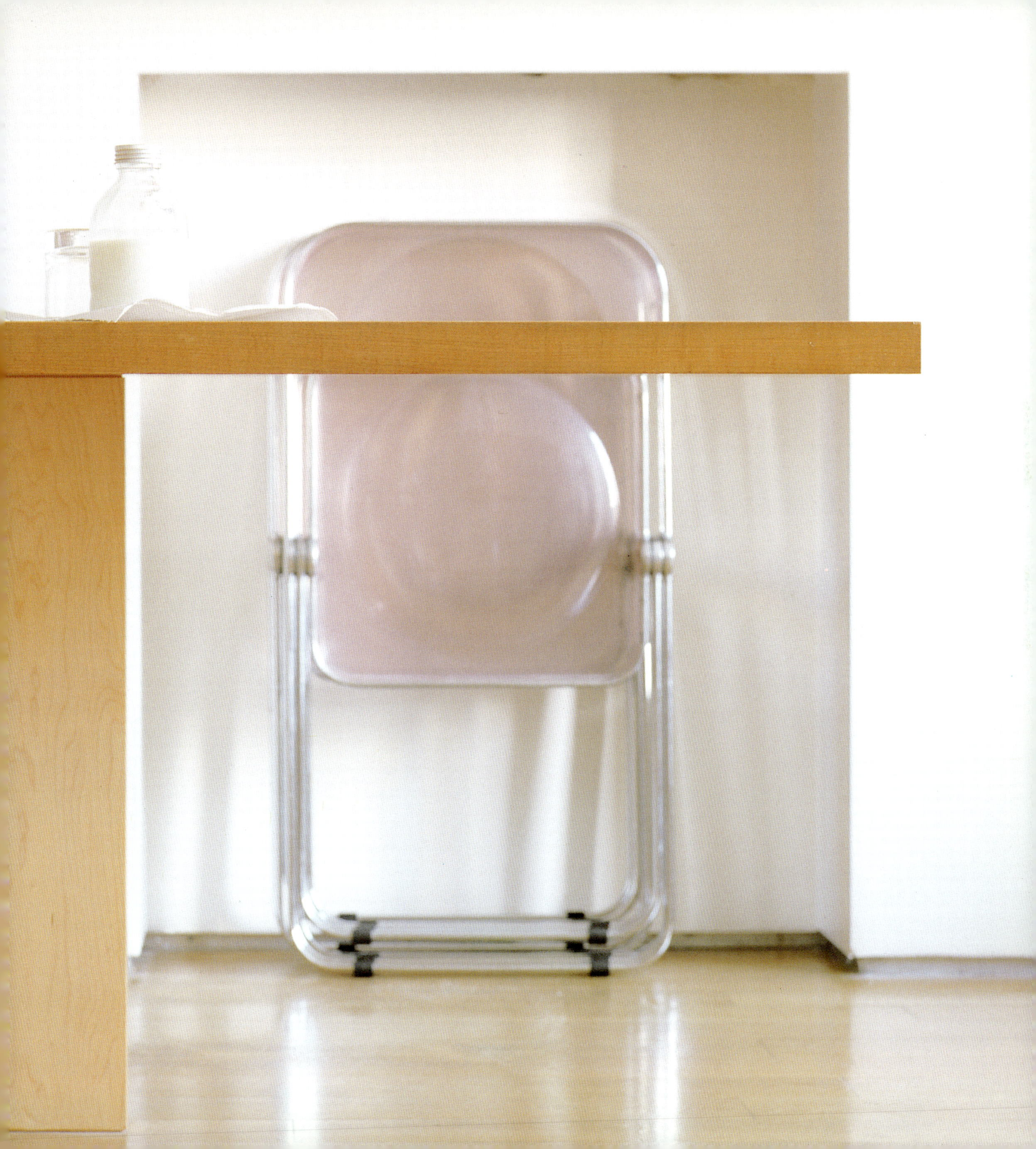

自分にとって最適な住環境は自分なりに選択を重ねて作っていくものだが、健康的な生活を送る上で誰にとっても欠かせないのが、新鮮な空気と暖かさである。春の朝に窓を開け放つ、冬にストーブの火をつけるなどの些細な楽しみは心身が満ち足りるような実感を与えてくれる。住まいの中心的な部分にはある程度の自動換気システムや暖房装置を設置するにしても、こういう心地よさは捨てがたいものである。

ワンスペースに電気・ガス・水道設備を上手く設置するには、綿密な計画と検討が必要になる。新たな設備をつける、または既存の設備をグレードアップ・改造・延長する場合は、性能・設置費用・工事による不便・維持費用・スタイル・利便性・メンテナンスのすべてを考慮するのが原則だ。

通常のスケールで作られたワンスペースのアパートメントや改装住宅なら、大抵の場合は従来の家庭用設備で間に合うはずだが、大型の住まいでは（特に学校、納屋、軽工業に利用されていた工場などを改装した住宅）、高性能の設備とシステムが必要になることが多い。

暖房

住まいの暖房は、便利で費用効率にも優れたセントラルヒーティングシステムか、各部屋に暖房器具を置く個別暖房を選ぶのが一般的だ。セントラルヒーティングには乾式と湿式がある。

湿式はガス・電気・石炭・木材・石油などを燃料にボイラーで水を熱し、パイプを介してラジエーター・コンベクター（対流放熱器）・床暖房パイプに温水を供給するシステムだ。サーモスタットがラジエーターや床暖房、壁式コンベクターそれぞれについていれば温度も別々に設定できるが、ひとつだけの場合は床埋め込み型のコンベクターと床暖房パイプすべてが同じ温度に設定される。湿式の場合、家庭で使う温水の供給も兼ねているのが普通だ。

乾式はガス・電気・石油を燃料とする加熱器を使って空気を暖め、その温風をダクトやグリル、コンベクターを経由して送り込むシステムだ。中央サーモスタットがあり、システム全体の温度をそこで調節する。ただ冷却器を足せば冷風も供給できるので、暑い季節には重宝する。加熱ダクトは音も伝えてしまうので、機械や設備は吹き出し口のそばに置かないように注意しよう。湿式と乾式のいずれも空気を乾燥させるため、必ず新鮮な空気が循環するように気をつけたい。加湿器や除湿器があれば湿度を調節できるが、乾燥した空気については、水を入れたボウルを床に置くことでも適度な湿度を補給できる。小石を入れておけば見た目にもいいだろう。

ラジエーターは湿式専用で、サイズ・様式・色彩とも実に様々なものが市販されており、壁付けにしても床置きにしても利用できる。鋼鉄製が一般的だが、鋳鉄やアルミ製のものもある。パイプコイルとフィンの形状によって放熱量が変わるので、外観と合わせて性能を判断しよう。ラジエーターは効率がよく経済的で、コントロールも簡単な上にメンテナンスもほとんど必要ない。

ただし広いワンスペース環境では、周囲の壁にしかラジエーターがないと、熱がスペース中央まで広がるのに時間がかかる。天井に電動ファンをつけて熱の循環を促進したり、ラジエーターをスペース中央に取り付けることで解決しよう。柱など既存の構造的な特徴を利用してもいいだろう。中央にストーブや床暖房システムを追加すれば、冷えすぎるスポットができるのを防ぐことができる。

ラジエーター回りの空気がよどみなく循環していれば熱がまんべんなく広がるので、空気の対流をソファや本棚など大きな家具で妨げるのは禁物だ。しかし使える壁面スペースにもよるが、これがなかなか難しい問題である。ラジエーターは壁面でも条件のいい場所を取るので、大きな家具の置き場所がなくなってしまうからだ。設置する前に間取り図を描いて、問題が起こるのを避けること。また結露を招くことになるので、洗濯物の乾燥にラジエーターを使わないこと。

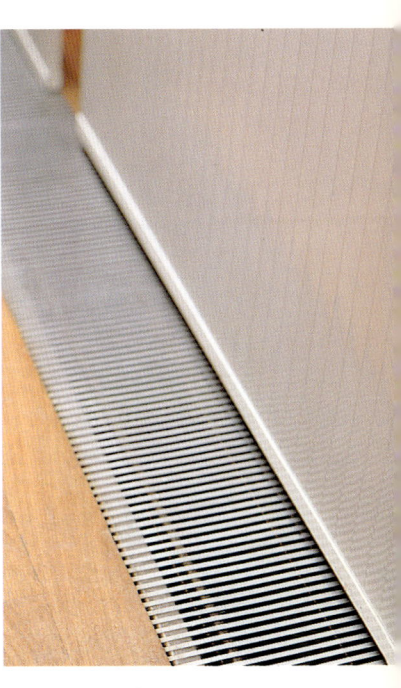

コンベクターには電気式のものと乾湿のヒーティングシステムに連結したものとがあり、どちらも熱気と冷気の両方を供給できる。コンパクトで目立たず、前面はグリルで飾ることもできる。壁や天井にも設置できるが、床の溝やキャビネットの下部、階段の蹴込みや幅木に組み込むのがベスト。見た目をすっきりさせるのとグリルにほこりが積もるのを防ぐために、構造上できたくぼみに設置するか箱の中に収めて、部屋のスタイルと合った金属または木製のベンチレーションパネルで目隠ししよう。

床暖房パイプは床埋め込み型のコンベクターとは違い、床全体を暖める器具である。直接目に触れないハイスペックな暖房方式で、快適性も高い。湿式がほとんどを占めており、コンクリート内か床下の空間に熱可塑性プラスチックのパイプを取り付けて温水を循環させる仕組みになっている。設置の際には床全体をはがす必要があるので、手間も費用も相当なものになる。ただし循環する温水の温度が湿式のラジエーターシステムよりも低いので、費用効率に優れている。またラジエーターシステムと併用することで、温水の一部を再利用することも可能だ。熱損失を最小限に抑えるには、家全体の断熱性を高めておく必要がある。

ガス・薪・石炭などを燃料とするストーブは発熱量が高く、優れたフォーカルポイントにもなる。セントラルヒーティングシステムの代わりとしても使えるが、普通は湯を沸かしたり、セントラルヒーティングの補助として使われている。頻繁に掃除をし、数時間おきに燃料を足す必要があるなど（ガスストーブは別）メンテナンスに手間がかかるため、日常的に使うには骨が折れる。また煙道のメンテナンスと設置には厳しい安全措置が求められるので、使える燃料に制限があるかどうかを確認しておきたい。

ソーラーシステムは環境に優しく設置も簡単だが、日射量が高くなければならないし、太陽電池板を取り付ける際に屋根に上り下りする必要がある。それに太陽が出ない時のバックアップシステムも用意しておかなければならない。

（左ページ、上左端）　縦型のラジエーターは目に付きやすいので、色彩とデザインはシンプルに抑えよう。くぼみやニッチに取り付ければ目立たなくなる。

（上中央 左）　スペースに余裕があればオリジナルの鋳鉄製ラジエーターをそのまま残して使いたい。きっとたっぷりした放熱量で部屋を暖めてくれるはずである。サンドブラスト機でペイントをはがし、シーラントかオイルを塗って錆を防いでおこう。

（上中央 右）　ベーシックで低コストのラジエーターは、一般的な建築業者の規格品。控えめで目立たない。

（上右端）　メタルグリルを被せた、溝に埋め込むタイプのラジエーター。リビングエリアとスリーピングエリアを仕切るスライド式のプラスチック製パネル全体にそって暖気を供給。

自立式の電気蓄熱暖房は低コストな基礎暖房として広いスペースに適しているが、設置には相当な場所が必要になる。電気ファン・電熱ヒーター・ガスボンベ式ヒーター、これらはいずれも局所的な補助暖房に向いている。

断熱：

　部屋を暖めるだけでなく、熱損失と燃料の消費を減らすことも重要だ。ドアや窓にすきま風よけを取り付ける、屋根裏に断熱材を入れる、パイプ・温湯タンク・貯水槽を断熱材で包む――これらはDIYでもできる簡単な方法だが、いずれも著しく熱損失を減らすことができる。中空壁・床・天井に断熱措置を施す、ペアガラス窓にするなど、専門家の手を借りる手段も暖房効率を最大限に引き上げる。ただし節約できる燃料費からすると、投資分を回収するのに時間がかかる。部屋の全面改装や大きな工事を予定している場合は、断熱工事も同時に行うようにしたい。

換気：

　湿気や結露が多いと生活環境としても不健康な上に、建物の基礎構造にダメージを与える。これらを防ぐには効率のよい換気が欠かせない。新鮮な空気を循環させるなら窓をあけるのが一番簡単な方法だ。広いスペースや窓から遠い場所には、天井型の扇風機を設置して空気の流れをよくすること。通風機も新鮮な空気を取り入れて汚れた空気を排出する効果がある。キッチンエリアとバスエリアにも建築基準法に従って換気扇をつけること。余計な湿気を排出して結露を防ぎ、においも除去できるので、健康的でさわやかな空気を保つことができる。

騒音：

　暖房装置と換気システムを取り付けると、騒音レベルが上がるというおまけがつく。建物の基礎構造に防音措置を施して外からの騒音を防ぎ、パイプやボイラー、タンクやダクトのほか、ガスや水の流出入部分を防音にして、屋内で発生する騒音を抑えたい。

　できれば回転式乾燥機や洗濯機などの家電も、ユーティリティ設備専用のカップボードかアルコーブに収めて防音する。あとは設計仕様とそれぞれのスタイルに合った防音方法を組み合わせるか、仕様とスタイルのあいだで折り合いをつけることで対策を取る。たとえば床や壁がむき出しになった簡素な内装では音が響くし、そこに住む人数に比例して騒音も増す。ラグを使ってエリア間に境界線を引いたり、ファブリックのロールブラインドを下げれば、反響を軽減でき、騒音の伝播防止にも役に立つ。ただし、ある程度の環境騒音と騒音の伝播はワンスペースリビングの要素でもある。

改装の検討基準

　熱損失を減らして燃料の消費と騒音を抑え、クリーンで健康的な生活環境を維持できれば、環境への負荷軽減にもつながる。旧式の不備なアメニティ設備は不便な上に経済効率が悪いので、効率のいい最新式のシステムに変えるのが自然ななりゆきと言えるだろう。設備を改造したり新規に取り付けたりする場合は、その程度を問わず専門家に相談して既存の設備を検討してもらい、どんなことが可能で、どの製品とシステムが条件に合うかを見極めるようにしたい。湿式のラジエーターを新しくする時にボイラーをグレードアップする必要が生じることもある。電気についても同様のことが言える。安全性と、毎日の生活で使う容量をきちんとまかなえるかどうかを必ずチェックしておこう。家電製品を増やす際に回路を再設計しなければならないこともあるからだ。

　概してシステムの設計が単純なほど問題は起きにくい。パイプ・ダクト・配線はメンテナンスや修理がしやすいように設計する。万一の時のためにも、コックやブレーカーはすぐ操作できるようにしておくこと。カップボード内か壁や床のパネル裏など、すぐに手が届くところに設置して、露出しているパイプ・スイッチ・コックすべてにラベルを貼るのがベスト。

（上）　どんな場所にも欠かせないのが新鮮な空気。窓は全開するようにし、空気の循環を促すためにも通風機の導入を検討しよう。キッチンエリアには必ず換気扇を設置すること。

（本ページ）　ニューヨークの広々としたロフト。2倍の高さがある窓が壁一面をおおっている。それぞれが独立して開くので、新鮮な空気を取り入れたり温度を調節したりするのに都合がいい。都会の喧噪を招き入れたりシャットアウトしたりする役目もある。

stockists and suppliers 業者リスト（イギリス版）

Help and advice
ヘルプ＆アドバイス

Architects Registration Board
73 Hallam Street
London W1N 6EE
0171 580 5861
有資格の建築家の登録名簿を所有。

The British Institute of Architectural Technologists
397 City Road
London EC1V 1NE
0171 278 2206
建築物の技術的水準について取り扱う団体で、図面の作成や適切な建材の選定も行う。BIAT会員が所長または共同経営者である事務所名簿を年に1回発行。

The Building Centre
26 Store Street
London WC1E 7BT
0171 692 4040
The Building Centreの書店では、建築・測量・工学・建築工事請負業者・メーカー・販売社・同業組合などに関する有用な書籍を豊富に取りそろえている。「建築・デザイン」「測量・計画・開発」「建築用施設・建築請負」の3部門で通信販売サービスも行っている。

The Building Centre Guideline
09065 161 136
建築に関する一般的な情報とガイダンス、製品に関する情報を提供するテレフォンサービス。その他、様々な商品についての情報や業者名、企業名、メーカーの詳細などがわかる。

Construction Resources
16 Great Guildford Street
London SE1
0171 450 2211
英国初の環境関係の建築センター。アドバイスと販売会社情報も提供。

The Federation of Master Builders
14-15 Great James Street
London WC1N 3DP
0171 242 7583
中小建築会社の代表組織で会員にはメンバーカードを発行。

The Institution of Structural Engineers
11 Upper Belgrave Street
London SW1X 8BH
0171 235 4535
会員年鑑と、企業の名鑑（英国向け）を発行。近くの構造技術士を紹介してくれる。

Royal Institute of British Architects
Clients' Advisory Service
66 Portland Place
London W1N 4AD
0171 307 3700
RIBAに登録された事務所に関する膨大なデータベースを保有。近くの建築家を紹介してくれる。有資格の建築家全員が登録されているわけではないので注意を。

The Royal Institution of Chartered Surveyors
12 Great George Street
Parliament Square
London SW1P 3AD
0171 222 7000
RICSの会員を統括し、近くの有資格会員についての詳細な情報を提供。

Flooring
床材

Dalsouple
01984 667233 for stockists
ゴム製の床用タイル。

Gooding Aluminium
1 British Wharf
Landmann Way
London SE14 5RS
0181 692 2255
アルミ製シートの床材。

Delabole Slate
Pengelly Road
Delabole
Cornwall PL33 9AZ
01840 212 242
床・ワークトップ・暖炉用のスレート板。

The Hardwood Flooring Co. Ltd
146-152 West End Lane
London NW6 1SD
0171 328 8481
木製床材を豊富に取りそろえて販売。

Stone Age
19 Filmer Road
London SW6 7BU
0171 385 7954
40種類以上の石灰岩と砂岩。

Kitchen manufacturers and equipment suppliers
キッチンメーカーと設備販売業者

Bulthaup
37 Wigmore Street
London W1H 9LD
0171 495 3663
照明と収納力に優れたモダンで能率的なキッチン。

IKEA
2 Drury Way
North Circular Road
London NW10 0TH
0181 208 5600
モダンで安価な組立式キッチン。

Pages
121 Shaftesbury Avenue
London WC2H 8AD
0171 565 5959
プロ仕様の調理器具と備品を豊富な品揃えで販売。

Stemmer & Sharp
Oblique Workshops
Stamford Works
Gillett Street
London N16 8JH
0171 503 2105
オーク材とガラス製のキャビネット（カスタムメイド）に収まる「ワンユニット」ステンレス製キッチン。

John Strand
12/22 Herga Road
Wealdstone
Harrow
Middlesex HA3 5AS
0181 930 6006
ミニキッチンを豊富な品揃えで販売。

Dividers
間仕切り

Armourcoat Limited
Morewood Close
London Road
Sevenoaks
Kent TN13 2HU
01732 460 668
漆喰仕上げ（シーラントで防水加工可）のユニークな間仕切り。

Connections Interiors Ltd
Connections House
16 Stirling Avenue
Leigh on Sea
Essex SS9 3PP
01702 470 939
可動式の間仕切りとスクリーン。

Ergonom
Whittington House
19-30 Alfred House
London WC1E 7EA
0171 323 2325
ガラスをはめたスクリーンおよび1枚壁のスクリーン、移動式パーティション。

ICI
Telephone 01254 874000 for details and stockists
可動式スクリーン、パーティション、ドア、床材、表面材として使える様々な種類のパースペクスを製造。

Luxcrete
Premier House
Disraeli Road
London NW10 7BT
0181 965 7292
様々なサイズと模様のガラスブロック（業務用・家庭用両方有り）。

Pella at WHN Distributors
1 The Quadrant
Howarth Road
Maidenhead
Berks SL6 1AP
01628 773 353
上吊り式のスライド＆折り畳みドア、パーティションと可動式壁。

Lighting
照明器具

Atrium
Centrepoint
22-24 St Giles High Street
London WC2H 8LN
0171 379 7288
現代の有名デザイナーによる照明具と家具。

Babylon Design
Unit 7
New Inn Square
1 New Inn Street
London EC2A 3PY
0171 729 3321
人気急上昇中のデザイナーによる照明器具。

John Cullen Lighting
585 Kings Road
London SW6 2EH
0171 371 5400
住まいとガーデン用の照明デザインをオーダーメイド。

London Lighting Company
135 Fulham Road
London SW3 2RT
0171 589 3612
現代的な照明器具各種。豊富なアドバイス等も。

SKK
34 Lexington Street
London W1R 3HR
0171 434 4095
照明コンサルタント業務、新進気鋭の若手照明デザイナーの作品も取り扱う。

Storage
収納

The Holding Company
243-245 Kings Road
London SW3 5EL
0171 352 1600
収納（主に小物）全般。

Muji
26 Great Marlborough Street
London W1V 1HB
0171 494 1197
低コストでスタイリッシュ、しかも
ミニマムな収納アイテム。

Furniture
家具

Aero
96 Westbourne Grove
London W2 5RT
0171 221 1950
洗練された家具、照明、収納システム
のメーカー＆小売り。

Century
68 Marylebone High Street
London W1M 3AQ
0171 487 5100
コンテンポラリークラシックな家具
（20世紀の米国デザイン限定）。

Coexistence
288 Upper Street
London N1 2TZ
0171 354 8817
ヨーロッパの現代的な家具全般。

The Conran Shop
81 Fulham Road
London SW3 6RD
0171 589 7401
現代的な家具、照明器具、備品など
がここだけで揃う。

Purves & Purves
80, 81 & 83 Tottenham Court Road
London W1 9HD
0171 580 8223
モダンな家具、照明器具、備品。

Same
The Bridge
146 Brick Lane
London E1 6RU
0171 247 9992
ヨーロッパの現代的な家具。

SCP
135–139 Curtain Road
London EC2A 3BX
0171 739 1869
ロンドン屈指のエキサイティングな
ショールームにヨーロッパの現代的
な家具と照明器具を展示。

Space
214 Westbourne Grove
London W11 2RH
0171 229 6533
Attitudeの現代的家具と備品。

twentytwentyone
274 Upper Street
London N1 2UA
0171 288 1996
20世紀半ば頃の素晴らしいクラシッ
クコレクション。

Viaduct
1–10 Summer's Street
London EC1R 5BD
0171 278 8456
ヨーロッパ家具と照明全般を、エキ
サイティングなショールームに展示。

Vitra
13 Grosvenor Street
London W1X 9FB
0171 408 1122
現代的な家具。

Architects and designers whose work has been featured in this book
本書に作品が掲載された
建築家とデザイナー

Babylon Design Ltd
Lighting designers
Unit 7, New Inn Square
8/13 New Inn Street
London EC2A 3PY
0171 729 3321
Pages 14, 23, 100–101, 125 top right

Claire Bataille & Paul ibens
Vekestraat 13 Bus 14
2000 Antwerpen
Belgium
+32 3 213 86 20
Pages 3, 18, 40–45, 121 left, 125 centre, 129 top left, 135 left

Briffa Phillips
19–21 Holywell Hill
St Albans
Herts AL1 1EZ
01727 840 567
Pages 26 top, 26–27, 62–63, 82, 83 top left and below left, 128 top right

Brookes Stacey Randall
New Hibernia House
Winchester Walk
London SE1 9AG
0171 403 0707
Pages 1 right, 7 centre, 32-33, 68–69, 112–113, 116 below left and centre, 117 right, 127 top right

De Metz Architects
Unit 4
250 Finchley Road
London NW3 6DN
0171 435 1144
Pages 1 centre, 15 left and right, 92 all, 130 right

Jamie Falla
MooArc
198 Blackstock Road
London N5 1EN
0171 354 1729
Pages 25 below, 48 and 49 left, 66-67, 87 both

Han Feng
Fashion designer
333 West 39 Street
12th floor
New York
NY 10018
001 212 695 9509
Pages 17, 31 right, 50–51, 84–85, 88–89, 115 top right, 136 top left

Fernlund and Logan Architects
414 Broadway
New York
NY 10013
001 212 925 4913
Pages 7 right, 12–13, 46–47, 54–55, 83 below centre and below right, 116 right and 116–117 centre, 135 centre right, 137

Alastair Hendy
Food writer, art director and designer
Fax 0171 739 6040
Pages 4, 10–11, 34 left, 72–79, 102 left, 120, 123 right, 124–125 centre, 130 centre, 131 left, 135 centre left, 136 below left, 144 centre

Brian Johnson
Johnson Naylor
0207 490 8885
e.mail b.j.jon@btinternet.com
Pages 2, 26 below, 56–61, 122 centre, 134

Steven Learner Studio
138 West 25th Street
12th Floor
New York
NY 10001
001 212 741 8583
Pages 52–53, 80–81, 116 top left, 123 left

Littman Goddard Hogarth
12 Chelsea Wharf
15 Lots Road
London SW10 0QJ
0171 351 7871
Pages 7 left, 70 top right, 71, 86 all, 92-93 centre & 93 right, 102 below right, 126, 128 below left and below right, 144 left

LOT/EK Architecture
55 Little West 12th Street
New York
NY 10014
001 212 255 9326
Pages 28, 29 left, 106–111

Marino + Giolito
161 West 16th Street
New York
NY 10011
001 212 260 8142
Pages 104–105, 129 right

Orefelt Associates Ltd
Portobello Studios
5 Hayden's Place
London W11 1LY
0171 243 3181
Pages 6, 24, 34 right, 102 top right, 103, 144 right

Nico Rensch Architeam
0411 412 898
Pages 25 top right, 35, 39 left, 64 right, 65 all, 121 centre and right, 122 right, 127 top left, 131 centre

Evelyn Roussel
00 33 1 43 55 76 97
Pages 20–21, 118–119, 135 right

Stickland Coombe Architecture
258 Lavender Hill
London SW11 1LJ
0171 924 1699
Endpapers, pages 8–9, 102 centre, 124, 128 top right, 130 left

Totem Design Group
71 Franklin Street
New York
NY 10013
001 212 925 5506
Fax: 001 212 925 5082
Pages 22, 114–115 main and top left and centre

Urban Salon Ltd
Unit D
Flat Iron Yard
Ayres Street
London SE1 1ES
0171 357 8800
Pages 70 top left, below left and below right, 129 left, 131 right

Woolf Architects
39–51 Highgate Road
London NW5 1RT
0171 428 9500
Pages 5, 19, 30, 30–31 centre, 64 top left and below left, 90 below right, 91, 132–133

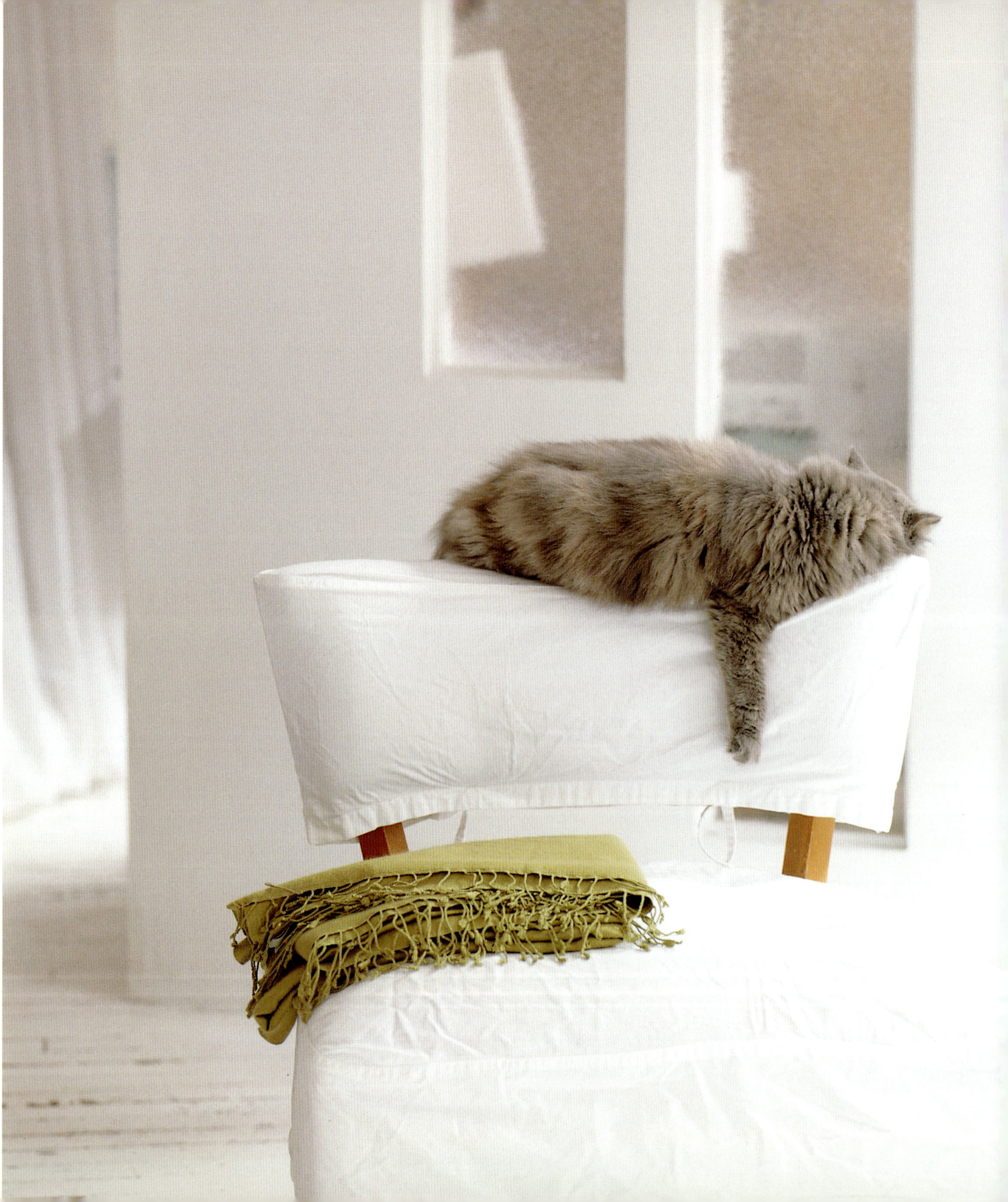

写真クレジット

picture credits

アルファベットはページ内での写真位置を示す
t = 上、b = 下、c = 中央、l = 左、r = 右

Endpapers Anthony Swanson's apartment in London designed by Stickland Coombe Architecture; **1 l** Gabriele Sanders' apartment in New York; **1 c** Nicki De Metz's flat in London designed by De Metz architects; **1 r** Nik Randall, Suzsi Corio and Louis' home in London designed by Brookes Stacey Randall; **2** Brian Johnson's apartment in London designed by Johnson Naylor; **3** an apartment in Knokke, Belgium designed by Claire Bataille and Paul ibens; **4** Alastair Hendy & John Clinch's apartment in London designed by Alastair Hendy; **5** Patricia Ijaz's house in London designed by Jonathan Woolf of Woolf Architects; **6** a house in London designed by Orefelt Associates, Design team Gunnar Orefelt and Knut Hovland; **7 l** an apartment in London designed by Littman Goddard Hogarth Architects; **7 c** Nik Randall, Suzsi Corio and Louis' home in London designed by Brookes Stacey Randall; **7 r** Jeff Priess and Rebecca Quaytman's apartment in New York designed by Fernlund and Logan Architects, painting by Rebecca Quaytman; **8–9** Anthony Swanson's apartment in London designed by Stickland Coombe Architecture; **10–11** Alastair Hendy & John Clinch's apartment in London designed by Alastair Hendy; **12–13** Jeff Priess and Rebecca Quaytman's apartment in New York designed by Fernlund and Logan Architects; **14** Babylon Design Studio in London Ltd.; **15** Nicki De Metz's flat in London designed by De Metz architects; **16 l** Christian Baquiast's apartment in Paris; **16 r** Nello Renault's loft in Paris; **17** Han Feng's apartment in New York designed by Han Feng; **18** an apartment in Knokke, Belgium designed by Claire Bataille and Paul ibens; **19** Patricia Ijaz's house in London designed by Jonathan Woolf; **20–21** Evelyne Rousell's apartment in Paris; **22** David Shearer and Gail Schultz's apartment in New York; **23** Babylon Design Ltd. studio in London; **24** a house in London designed by Orefelt Associates, Design team Gunnar Orefelt and Knut Hovland; **25 t** Andrew Noble's apartment in London designed by Nico Rensch Architeam; **25 b** Jamie Falla and Lynn Graham's house in London; **26 t** an apartment in Bath designed by Briffa Phillips Architects; **26 b** Brian Johnson's apartment in London designed by Johnson Naylor; **26–27** an apartment in Bath designed by Briffa Phillips Architects; **28 & 29 l** Jones Miller studio in New York designed by Giuseppe Lignano and Ada Tolla of LOT/EK Architecture; **29 r** Christian Baquiast's apartment in Paris; **30 l & 30–31 c** Patricia Ijaz's house in London designed by Jonathan Woolf; **31** Han Feng's apartment in New York designed by Han Feng; **32–33** Nik Randall, Suzsi Corio and Louis' home in London designed by Brookes Stacey Randall; **34 l** Alastair Hendy & John Clinch's apartment in London designed by Alastair Hendy; **34 r** a house in London designed by Orefelt Associates, Design team Gunnar Orefelt and Knut Hovland; **35** Andrew Noble's apartment in London designed by Nico Rensch Architeam; **36–37** Gabriele Sanders' apartment in New York; **38** Christian Baquiast's apartment in Paris; **39 l** Andrew Noble's apartment in London designed by Nico Rensch Architeam; **39 r** Christian Baquiast's apartment in Paris; **41–45** an apartment in Knokke, Belgium designed by Claire Bataille and Paul ibens; **46–47** Jeff Priess and Rebecca Quaytman's apartment in New York designed by Fernlund and Logan Architects; **48 & 49 l** Jamie Falla and Lynn Graham's house in London; **49 r** Nello Renault's loft in Paris; **50–51** Han Feng's apartment in New York designed by Han Feng; **52–53** the loft of Peggy and Steven Learner designed by Steven Learner Studio; **54–55** Jeff Priess and Rebecca Quaytman's apartment in New York designed by Fernlund and Logan Architects; **56–61** Brian Johnson's apartment in London designed by Johnson Naylor; **62–63** an apartment in Bath designed by Briffa Phillips Architects; **64 tl & bl** Patricia Ijaz's house in London designed by Jonathan Woolf of Woolf Architects; **64 r & 65** Andrew Noble's apartment in London designed by Nico Rensch Architeam; **66–67** Jamie Falla and Lynn Graham's house in London; **68–69** Nik Randall, Suzsi Corio and Louis' home in London designed by Brookes Stacey Randall; **70 tl & bl & tr** Lucy Guard's apartment in London designed by Urban Salon; **70 & 71** an apartment in London designed by Littman Goddard Hogarth Architects; **72–79** Alastair Hendy & John Clinch's apartment in London designed by Alastair Hendy; **80–81** the loft of Peggy and Steven Learner designed by Steven Learner Studio; **82 & 83 tl & bl** an apartment in Bath designed by Briffa Phillips Architects; **83 cb & r** Jeff Priess and Rebecca Quaytman's apartment in New York designed by Fernlund and Logan Architects; **84–85** Han Feng's apartment in New York designed by Han Feng; **86** an apartment in London designed by Littman Goddard Hogarth Architects; **87** Jamie Falla and Lynn Graham's house in London; **88–89** Han Feng's apartment in New York designed by Han Feng; **90 tl & tr** Christian Baquiast's apartment in Paris; **90 br & 91** Patricia Ijaz's house in London designed by Jonathan Woolf of Woolf Architects; **92** Nicki De Metz's flat in London designed by De Metz architects; **92–93 c & 93 r** an apartment in London designed by Littman Goddard Hogarth Architects; **94–99** Gabriele Sanders' apartment in New York, **99** chairs from Totem; **100–101** Babylon Design Ltd. studio in London ; **102 l** Alastair Hendy & John Clinch's apartment in London designed by Alastair Hendy; **102 c** Anthony Swanson's apartment in London designed by Stickland Coombe Architecture; **102 r** an apartment in London designed by Littman Goddard Hogarth Architects; **102 tr & 103** a house in London designed by Orefelt Associates, Design team Gunnar Orefelt and Knut Hovland; **104–105** Chelsea Studio New York City, designed by Marino and Giolito; **106–111** Jones Miller studio in New York designed by Giuseppe Lignano and Ada Tolla of LOT/EK Architecture; **112–113** Nik Randall, Suzsi Corio and Louis' home in London designed by Brookes Stacey Randall; **114 & inset & 115 c** David Shearer and Gail Schultz's apartment in New York; **115 tr** Han Feng's apartment in New York designed by Han Feng; **116 tl** the loft of Peggy and Steven Learner designed Steven Learner Studio; **116 bl & c** Nik Randall, Suzsi Corio and Louis' home in London designed by Brookes Stacey Randall; **116 br & 116–117 c** Jeff Priess and Rebecca Quaytman's apartment in New York designed by Fernlund and Logan Architects; **117 r** Nik Randall, Suzsi Corio and Louis' home in London designed by Brookes Stacey Randall; **118–119** Evelyn Rousell's apartment in Paris; **120** Alastair Hendy & John Clinch's apartment in London designed by Alastair Hendy; **121 l** an apartment in Knokke, Belgium designed by Claire Bataille and Paul ibens; **121 c & r** Andrew Noble's apartment in London designed by Nico Rensch Architeam; **122 l** Nello Renault's loft in Paris; **122 c** Brian Johnson's apartment in London designed by Johnson Naylor; **122 r** Andrew Noble's apartment in London designed by Nico Rensch Architeam; **123 l** the loft of Peggy and Steven Learner designed by Steven Learner Studio; **123 r** Alastair Hendy & John Clinch's apartment in London designed by Alastair Hendy; **124 l** Anthony Swanson's apartment in London designed by Stickland Coombe Architecture;**124–125 c** Alastair Hendy & John Clinch's apartment in London designed by Alastair Hendy; **125 tl** an apartment in Knokke, Belgium designed by Claire Bataille and Paul ibens; **125 tr** Babylon Design Ltd. studio in London; **126** an apartment in London designed by Littman Goddard Hogarth Architects; **127 tl** Andrew Noble's apartment in London designed by Nico Rensch Architeam; **127 tr** Nik Randall, Suzsi Corio and Louis' home in London designed by Brookes Stacey Randall; **127 br** Christian Baquiast's apartment in Paris; **128 tl** Anthony Swanson's apartment in London designed by Stickland Coombe Architecture; **128 tr** an apartment in Bath designed by Briffa Phillips Architects; **128 bl & br** an apartment in London designed by Littman Goddard Hogarth Architects; **129 tl** an apartment in Knokke, Belgium designed by Claire Bataille and Paul ibens; **129 bl** Lucy Guard's apartment in London designed by Urban Salon; **129 r** Chelsea Studio New York City, designed by Marino and Giolito; **130 l** Anthony Swanson's apartment in London designed by Stickland Coombe Architecture; **130 c & 131 l** Alastair Hendy & John Clinch's apartment in London designed by Alastair Hendy; **130 r** Nicki De Metz's flat in London designed by De Metz architects; **131 c** Andrew Noble's apartment in London designed by Nico Rensch Architeam; **131 r** Lucy Guard's apartment in London designed by Urban Salon; **132–133** Patricia Ijaz's house in London designed by Jonathan Woolf of Woolf Architects; **134** Brian Johnson's apartment in London designed by Johnson Naylor; **135 l** an apartment in Knokke **135 cl** Alastair Hendy & John Clinch's apartment in London designed by Alastair Hendy; **135 cr** Jeff Priess and Rebecca Quaytman's apartment in New York designed by Fernlund and Logan Architects; **135 r** Evelyne Roussell's house in Paris; **136 tl** Han Feng's apartment in New York designed by Han Feng; **136 b** Alastair Hendy & John Clinch's apartment in London designed by Alastair Hendy; **137** Jeff Priess and Rebecca Quaytman's apartment in New York designed by Fernlund and Logan Architects; **140** Gabriele Sanders' apartment in New York; **144 l** an apartment in London designed by Littman Goddard Hogarth Architects; **144 c** Alastair Hendy & John Clinch's apartment in London designed by Alastair Hendy; **144 r** a house in London designed by Orefelt Associates, Design team Gunnar Orefelt and Knut Hovland.

index

索引

太字のページ番号は写真の
キャプションであることを示す

【ア行】

アップライト **123**, 125
アパートメント 23, 26, 40-45, 57-70, **71**
「フラット」の項も参照
アルコーブ **45**, 54, 75, 136
椅子 50, **51**, **52**, 53, 59-60
　アームチェア 30, **52**
　折り畳み式 **49**
　回転式 **66**
　木枠の **54**
　色彩 118
　調節可能な 104
　テーブル回りの椅子 12, **54**, 59
インダストリアルスタイル
　11, **29**, 70, 73, 75, **79**, 107, **129**, **131**
ウォールユニット 105, 130
オーブン 64, 69, 108, **128**
屋階 90
折り畳み式：
　アイロン台 **131**
　椅子 **49**
　スクリーン 15, **101**, 116, 118
　テーブル **70**
　ドア 15, **62**
　パネル **86**, 116
　ベッド **92**

【カ行】

カーテン：
　チェーンを使った 60, **61**, 118
　ボイル地の **96**, 97
　モスリンの 51, **84**, **89**, 115
　レール 23, 115
カーペット 116, 118
開口部：
　新しく作る 33
　広げる **17**, 39
階段 **33**, 70, 75, **76**, **96**
　蹴込み **131**, 135
　吹き抜け 70
開放感/包容感 12, 15, **45**, 80
鏡 **45**, 79
家具：
　移動式 104
　置き家具 30

カスタムメイドの 105
キャスター付き 97
配置 30, 50, **52**,118
ベッドサイド **45**
間仕切り用 115
加湿器 134
カップボード：
　折り畳み式ベッド用 **92**
　カップボードドア 29, 110
　キッチン収納用 26
　化粧板の張り替え 67
　作り付けの 69, 128
　ユーティリティ用 136
壁： 39
　開口部をとる 39
　回転扉付き 15
　ガラス製 19, 58-59, **60**, 76, 115, 121
　曲線を描いた **82**, **83**, 87
　コンクリート製 77
　耐力壁 33
　取り除く 12
　低くする 12, **17**, 90
　ペイントする 118
　間仕切り壁 26, **26**, 83, 115-116
　むき出しの 20, 136
　レンガ製 75, 87
カラーボックス **61**
ガラス： **31**, 83, 87, **118**, 121
　壁 19, 58-59, **60**, 76, 115, 121
　通路 75, 76, **77**
　不透明な 83-84, 116
　ブロック 116
　床 121
換気 65, 91, 136, **136**
換気扇 29, 65, 136, **136**
キッチンエリア： 21, 42, **43**, 44, **45**, 49,
　50, **58**, 59, **60**, 62-70, **71**, 74,
　75, 76, **77**, **96**, 99, **109**, 110, **111**
　アイランド型 66
　安全性 66
　カップボードに収まる **26**, **62**
　キッチンペーパーホルダー **129**
　キャビネット 66
　収納 26, **128**, **128**
　照明 69, **123**, 125
　整理整頓 12, 13, 64
　ダイニングエリアとの区分 68
　耐熱性のワークトップ 66
　調理器具 **11**,109
　配置 35
　間仕切り壁 115
　向き 65
　融通性 69
　リビングエリアとの区分 59

ワークトップ 43, **45**, **62**, 66, **66**,
　67, 69, **70**, 70, 96
ワークトライアングル 66
キッチンユニット **62**, 65, 66
キャビネット： 118, 130
　キッチン 66
　ファイル 105, **111**
　メディシン 87
ギャラリー 13, **54**, **75**, 90, **117**, 121
空気：
　温度 134
　循環 134, 136, **136**
　新鮮な **136**, **136**, 137
クッキングエリア 64, **74**, **109**,
　110, **129**
くぼみ **53**, 54, **80**, **92**, 125
結露 135, 136
建築家 39
建築許可 25, 58
子供に関する事項 34, 65, 83, 90, 102
コンクリート： 75, 87
　テーブル **7**
　舗装用コンクリート板 **11**
　床材 **11**, **31**, 50, 75, **77**, 118
　ワークトップ 70
コンセント **67**, 125
コンテナ 29, 107, **109**, **111**
コンピューター 104, 127
コンベクター 134, 135

【サ行】

作業テーブル： 66, **97**, 102, 104, 105, 108
　キャスター付き **92**, 99, 111
皿洗い機 65, 70, 130
シャッター **43**, **45**, 69, 121, **129**
シャワー 42, 76, 77, 80, **82**,
　83, **83**, 84, **86**, 87, 108
収納： **35**, 42, **42**, 50, 53-54, **60**,
　75-76, **90**, **115**,126-131
　椅子の **49**
　移動式 104, 128
　衣類の **61**, 65, 127, **127**
　オープン収納 70, **70**
　折り畳みテーブル **70**
　キッチンキャビネット 66
　皿立て **70**, **129**
　棚 70, 71, 87, **92**
　パネル 48, **49**
　ベッドリネンの **53**, **92**, **127**
　本の 12, 60, **61**
収納システム 12, **59**, 60, 65,
　105, 105, 130, **131**

収納ユニット 54, **68**, 69, 70,
　87, **127**, **128**, 130
照明 **11**, 50, 120-125
　アクセント照明 54, **122**, 125
　アップライト **123**, 125
　アングルポイズランプ **74**
　アンビエント照明 54, **122**, 125
　色合い **125**
　インダストリアルスタイル 70, **103**
　ウォールライト 54, **123**
　拡散（調節） 18, 19, **23**, **45**, **51**, **64**, **68**,
　　77, 84, **104**, **121**, 125
　蛍光灯 **122**, **124**
　シーリングライト 122
　情報照明 122
　スカイライト 19, 20, 89, 91
　スポットライト 122, **123**
　装飾的な 125, **125**
　ダウンライト 125
　タスク照明 **35**, **52**, 54, **97**,
　　104, 122, **123**, 125
　タングステン 122
　調光スイッチ 54, 84, 125
　テーブルライト 122
　読書灯 60, 91
　トラック照明 122, **123**
　配光の改善 19
　配置 50, 52
　ハロゲン 122
　フロアライト 54, **124**
　陽光（自然光、日光） 13, **17**, 36,
　　45, **51**,121
　ワイヤシステム 122, **123**
除湿器 134
シンク **17**, **64**, 65, **66**, 69, 87, 108, 110
睡眠用プラットフォーム **86**, **90**, **90**,
　91, **91**, 99
スカイライト 19, 20, 89, 91
スキップフロア構造 **7**
スクリーン 15, **99**, 115
　折り畳み式 15, **101**, 116, 118
　移動式 116, 130
　ガラス製 **83**, 87
　金属製 118
　自立式 15
　スライド式 69
　透明の 96, 101
　東洋風 89
　ファブリック製 121
　ペーパー製 **102**, 116
　ボイル地 96
　木製 116, 118
　ロール式 116, 118
スタイル： 29, 136
　インダストリアル **11**, **29**, 70, 73, 75,
　　79, 107, **129**, **131**
　建築的 57

実用的 20, 87
白で統一した 99
ミニマムな 30, **31**, **62**, **64**
スチール **31**, **62**, 75
スツール 52, 66, **105**
ストーブ 134, 135
スペース：
　最大限に活用する 13, **17**, 30
　スペース感 12, 30, 37
スリーピングエリア： 21, **35**, **42**, **43**, 44,
　45, **58**, 60, **61**, **76**, **79**, 80,
　83, **83**, 87, 88-92, 93, **96**, 97,
　109,110, **111**, **117**, 127
　収納 127
　睡眠用プラットフォーム **86**, **90**, **90**,
　　91, **91**, 99
　間仕切り **17**, 23, 115, **115**, 118
　陽光 19, 89, 91
　リビングエリアとの区分 115
製図板 **104**, 105
施工業者 25, 36, 39
洗濯機 65, 70, 127, 136
セントラルヒーティングシステム 134-135
洗面台 84, 87
騒音 136, **137**
ソーラー暖房システム 135-136
ソファ **17**, **50**, **52**, **52**, 60, 76, **77**, 118, 134
ソファベッド 53

【タ行】

ダイニングエリア：
　21, 42, **49**, 51, **59**, **99**, 121
　キッチンエリア 68
　照明 123
大理石 **31**
タイル（モザイク） 76, **77**, **79**, 87
タオル掛け 86
ダクト 29, 136
棚： **59**, 60, **92**, 101, 105, **127**
　インダストリアルスタイル **127**
　オープン棚 70, **71**, 99, **128**, **129**
　ガラス製 **129**
　金属製 87
　作り付け 128
　低い 130
断熱 136
暖房： 134-136
　乾式 134, 135
　湿式 134, 135, 136
セントラルヒーティングシステム
　134-135
ソーラー暖房システム 135-136

蓄熱暖房	136	配線	136	校舎を改装した住まい	33, 68, 134	窓		「オーブン」の項も参照
電熱ヒーター	136	パイプ：	65, 87, 134, 135, 136	工場を改装した住まい	7, 15, 20, 23, 25, 29, 37	アーチ型	58, 60	廊下 43
床暖房	76, 77, 79, 134, 135	断熱	136	作業場を改装した住まい	17, 29, 48, 123	新たに取り付ける	19	ロフト：
暖炉	20, 21, 76, 76	排水管	65	縫製工場を改装した住まい	96	内窓	12, 33, 39, 86, 116, 121	家具 50
中二階	33, 33, 64, 68, 83, 86, 90, 91, 101, 121	保温	136	捺染工場を改装した住まい	11, 72-92, 93	大きな	41, 42, 75, 121	建具や設備 70
机	45, 102	パイプハンガー	118, 131	納屋を改装した住まい	134	壁一面の	18	2層式（複層階） 7, 13
ディスプレイ	54, 60, 61, 70	柱（鋳鉄製）	96, 96, 99	ビデオデッキ	53, 54, 109, 110, 131	高さがある	64, 137	ニューヨークの 31, 51, 55, 81, 89, 94-105, 106-111, 117, 137
デイベッド	52	バスエリア：	21, 42, 42, 76, 77, 79, 80-87, 81, 96, 109, 111, 117, 127	ファイルキャビネット	105, 111, 131	長窓	83	窓の設置 13
テーブル：	51, 118	共用の	80, 81	プライバシー	15, 16, 34, 35, 83, 89, 116, 118, 121	光を遮る	19	ミニマムな 31
オーブン格納式	64	収納	127	ブラインド：		ピクチャーウィンドウ	55	床を部分的に取り除く 7, 13
折り畳み式	70, 99	建具と備品	79, 84, 87	完全遮光	121	ベイウィンドウ	18, 20	
コンクリート板製	7	病院／研究室用の蛇口	79, 87	ペーパー製	15, 23	南向きの	96, 96	【ワ行】
作業用	「作業テーブル」の項を参照	間仕切り	115, 115, 118	ベネチアン	64, 121, 121	間取り図	36, 42, 60, 77, 96, 109, 135	ワーキングエリア： 15, 42, 45, 59, 96, 97, 99, 99, 100-105
スタッキング式	45	目隠し	15, 17, 117	ロール	18, 19, 45, 68, 102, 117, 121, 121, 130, 136	モザイクタイル	76, 77, 79, 87	日光 19
ダイニング用	53, 95, 99, 99	リビングエリアとの統合	17	フラット	25, 26	モスリン	51, 84, 84, 115	分離 34
テーブル回りの椅子	12, 52, 54, 59	バスタブ	15, 17, 17, 76, 77, 80, 84, 84, 87	「アパートメント」の項も参照				間仕切り 115, 118
補助テーブル	60	バナー：		ブレーカー	136	【ヤ行】		リビングエリアとの区分 37, 96, 101
ミニテーブル	52	ファブリック製	121	ペアガラス	136	屋根裏の改装	12	ワゴン：
ローテーブル	45, 50, 52	ペーパー製	15, 34, 89, 101, 118, 121	ベッド：	89-90, 91	ユーティリティ	17, 25, 33, 36, 62	移動式 54, 54
デベロッパー	25	はねよけ板	99, 129	折り畳み式	88, 92, 92, 93	床		折り畳み式 131
テレビ	45, 53, 54, 54, 109, 110-111, 111, 127, 130	パネル：	15	座席用	53	ガラス製	121	配膳用 74
電気・ガス・水道システム	17, 33, 125, 134	MDF	118	収納	127	コンクリート製	11, 31, 50, 75, 77, 118	引き出し付き 131
電気ファン	136	折り畳み式	86, 116	ヘッドボード	79	下げる	17	
天井：		回転式	116			中二階	33, 33	
ヴォールト天井	21, 58, 60	壁パネル	60	ベッドリネン	53, 92, 127	取り除く（全部／部分的に） 7, 12, 33, 75, 77		
ガラス製	21	ガラス製	17, 42, 43, 44, 70, 76, 80, 117	ベンチ	64			
白い	31	金属製メッシュを張った	19	ボイル地	84, 96, 97	床材：		
照明	122	軸吊り式	116	法規（建築関連法規、建築基準法） 33, 39, 58, 136		カーペット	116, 118	
スカイライト	19	収納パネル	49	本	45, 52, 53, 60, 130	ゴム製タイル	118	
ダウンライト	125	スライド式	13, 42, 42, 44, 49, 61, 68, 76, 80, 83, 102, 115, 116, 117, 118, 124, 128, 130, 135	収納	12, 60, 61	コンクリート	11, 31, 50, 75, 77, 118	
高さ	26, 86			本棚	54, 118, 134	シカモア材	45	
ファン	134	波板（プラスチック製）	118			統一	11	
モールディング	20	パースペクス製	101, 105, 115	【マ行】		フロアクッション	52	
ドア：		引き上げ式	7, 130	間仕切り：	7, 17, 114-119, 130	変更	116, 118	
折り畳み式	15, 62	引き下げ式	7, 68, 117, 129	イロコ材	79	むき出しのまま	136	
回転式	15	木製	42, 43, 76, 79, 105	家具	「家具」の項を参照	木材	116, 118	
カップボード用	29, 110	モスリンを張った	19	壁	「壁」の項を参照			
収納式	62	床から天井までの	18, 96, 105	コンテナの側面	109	【ラ行】		
スライド式	15, 83	パブリック／プライベートスペース	7, 16, 29, 34, 42, 51, 80, 83, 115, 118	自立式	115	ライト	「照明」の項を参照	
取り外す	17			スクリーン	「スクリーン」の項を参照	ラグ	53, 118, 136	
トイレ	80, 82, 83	梁：	39	スライドパネル	13	ラジエーター： 76, 86, 134-135, 135, 136		
トレーシングペーパー	76-77, 121	アルミ製	110	チェーン製	60, 61	埋め込み式	134, 135	
		金属製	11, 33	作り付け	115	縦型	86, 135	
【ナ行】		コンクリート製	33	斜めの	96, 97, 99	リビングエリア： 15, 33, 35, 37, 42, 43, 58, 59, 61, 75, 76, 76, 77, 84, 101, 105, 110, 115		
人間工学	104, 105	木製	33	パネル	「パネル」の項を参照	バスエリアと統合	17	
		非住宅を改装した住まい：	11, 20, 25, 25, 33, 134	ビニールシート	23, 115			
【ハ行】				ファブリック製	15, 84, 89	リラクセーションエリア： 21, 30, 42, 45, 49-54, 59, 60, 60, 68, 83, 96, 99, 102, 109, 111, 121, 122, 130		
パースペクス	101, 105, 115, 118, 121	軽工業の工場を改装した住まい	134	ペーパーブラインド	23	照明	125, 125	
排水／下水	17, 62, 65			モスリン製カーテン	51, 89	間仕切り	115	
						レンジ	64, 69, 128	

Index | 143

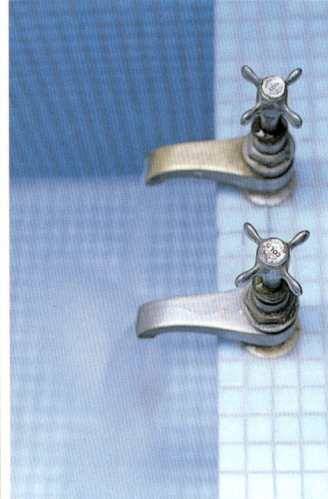

謝辞
acknowledgments

Andrew Wood、あなたの素晴らしい写真と、その写真術・インテリア・人間・旅・スシに対する情熱にありがとうを。この機会を与えてくれたRyland Peters & Smallの皆様にもお礼を言いたい。Anne Ryland、Kate Brunt、Megan Smith、Annabel Morgan──初めて顔を合わせた順に──本書に注いでくれた意気込みと情熱に感謝を。一人ひとりのプロフェッショナルな助力がなければ本書は完成しなかっただろう。Nadine Bazarの大きな貢献にも感謝したい。

住まいの撮影を快諾してくれたワンスペースのオーナー、その建築家とデザイナーの方々にも深謝したい。皆様の心遣いとインスピレーション、想像力、独創性には本当に頭が下がる。貴重な時間を割いて様々な教示をくれたすべての方々に万謝を。

最後にLawrence Mortonに謝意を述べたい。そしてAtom、どうもありがとう。自分でもぜひ暮らしてみたい住まいもあったが、やはり私の家は家族である。

AUTHOR: CYNTHIA INIONS
著者：シンシア・イニオンス
ライター兼スタイリスト。UK版「マリ・クレール」の元インテリアエディター。「エル・デコレーション」、「ホームズ＆ガーデンズ」など数多くの雑誌で活躍中。エーテースタイルシリーズのひとつ『ザ・ストレージ・ブック』の著者でもある。

PHOTOGRAPHER: ANDREW WOOD
写真家：アンドリュー・ウッド
インテリア＆ファッション専門の写真家。「エル・デコレーション」で定期的に撮影を担当しているほか、「ヴォーグ」や「ザ・サンデー・テレグラフ・マガジン」のライフスタイル特集の写真も手がけている。